# 灵动：儿童体育教育中的畅想与激发

周伟华 著

苏州大学出版社

图书在版编目（CIP）数据

灵动：儿童体育教育中的畅想与激发／周伟华著．
苏州：苏州大学出版社，2024.11. -- ISBN 978-7
-5672-5045-1

Ⅰ．G807.01

中国国家版本馆 CIP 数据核字第 2024Q1X914 号

LINGDONG: ERTONG TIYU JIAOYU ZHONG DE CHANGXIANG YU JIFA

| 书　　　名 | 灵动：儿童体育教育中的畅想与激发 |
|---|---|
| 著　　　者 | 周伟华 |
| 责 任 编 辑 | 金莉莉 |
| 助 理 编 辑 | 施子星 |
| 出 版 发 行 | 苏州大学出版社 |
| | （苏州市十梓街 1 号　215006） |
| 印　　　刷 | 镇江文苑制版印刷有限责任公司 |
| 开　　　本 | 700 mm×1 000 mm　1/16 |
| 印　　　张 | 12 |
| 字　　　数 | 216 千 |
| 版　　　次 | 2024 年 11 月第 1 版 |
| 印　　　次 | 2024 年 11 月第 1 次印刷 |
| 书　　　号 | ISBN 978-7-5672-5045-1 |
| 定　　　价 | 55.00 元 |

图书若有印装错误，本社负责调换
苏州大学出版社营销部　电话：0512-67481020
苏州大学出版社网址　http://www.sudapress.com
苏州大学出版社邮箱　sdcbs@suda.edu.cn

 # 她打开一扇"灵动"之门

周伟华老师是"苏教名家培养工程"第二批培养对象,我作为她的导师,与她相识。最近,她写了一本专著,书名为《灵动:儿童体育教育中的畅想与激发》。这本专著列举的案例,都很贴切,很典型,很接地气。看这本专著时,我似乎通过一扇"灵动"之门回到那个天真无邪、快乐玩耍的童年时代。

我一直铭记着伟大的教育家蔡元培先生的一句话——"完全人格,首在体育"。周伟华老师已对学校体育的功能、价值进行了深度挖掘,如今她又用自己的思考与实践,帮助儿童在灵动体育中享受乐趣、增强体质、健全人格、锤炼意志;帮助教师进行有意义的学科建构,在更高的价值层面,让灵动体育闪烁育人的光彩。这无疑是难能可贵的。

教师不一定要成为"思想家",但一定要成为"思考者",成为有教学主张的人。2022年至今,我一路看着她提炼和发展体育教育思想,不断分享她对体育与健康课程的理解和领悟。在我看来,周伟华老师倡导的灵动体育,既是她对体育学科特质的独到见解,也是她凝练教育思想形成的"自己的句子"。

这本专著是研究儿童体育教育形成的成果。周伟华老师从理论思考、

课程建构、教学实践、活动管理、支持系统五个方面进行系统的阐述,不仅对灵动体育理论与实践进行深度的探讨,还对儿童健康成长与发展进行了细致的描绘。同时,周伟华老师找到了儿童体育教育发展的有效路径,即"深耕—深思—深描—深构"。所谓深耕,指在儿童体育的原野里深深扎根,从实践的土壤里汲取丰富的水分与营养,只有深耕细作,才能有"灵"与"动";所谓深思,指对儿童、对体育教育教学现象进行深入思考与剖析,从熟知走向真知,从感性认识走向理性认识;所谓深描,指运用针对儿童进行研究的方法与人类学的研究方法,揭示学科本质,探索儿童发展规律和学科发展规律;所谓深构,指充分展开对儿童体育教育生活意义的深度建构,发现灵动体育教育的价值所在。

这本专著可以作为学校体育高质量教育教学的参考资料。书中的诸多案例让人深受启发,颇受鼓舞。这些实践案例有两个共同点:灵动和鲜活。它们来自学校体育生活的田野,是田野里生长起来的绿芽、结出的硕果,充满着泥土的气息,展现着美丽的朝霞、清莹的水滴、灿烂的阳光、满满的希望,这样的体育是灵动的。这些灵动体育的实践案例是周伟华老师与她的团队一步步耕耘的结果,具有典型性和示范性,也具有普遍意义。这么丰富的资源以结构化、序列化、多样化的方式呈现,像是一面面镜子,使读这本专著的人既发现了别人,也照见了自己。

体育承载着国家强盛、民族振兴的梦想。党的十八大以来,习近平总书记从培养社会主义建设者和接班人的高度,提出要努力构建德智体美劳全面培养的教育体系,形成更高水平的人才培养体系,并第一次清晰地阐述了学校体育"四位一体"的目标。当前,学校体育进入了一个全新的时代。

灵动体育顺应新时代。它如一座高山,赋予儿童体育精神的突破和方法的革新,让儿童在体育中眺望山的高度,享受登山的乐趣,欣赏沿路的风景,期待山顶的风光;它像一棵大树,执着的教育信念是灵魂,深厚的文化底蕴是根系,独特的教育艺术是枝干,于是那种灵动而有深度的精彩在枝叶间摇曳生姿;它似一江春水,润李泽桃,顺天性、展个性、养灵性。

我相信周伟华老师绝不会就此止步，她会心怀梦想，砥砺意志，勇于逐梦，奋勇向前。我期待走进更多的"门"，读到更多体育教师更好的专业作品！

王家宏<br>2024 年 4 月

（王家宏教授，博士生导师，苏州大学原校长助理，江苏体育健康产业研究院批评院长，苏州大学东吴智库首席专家，国务院学位委员会第五、六、七届体育学学科评议组成员，全国学校体育专业委员会副理事长，全国高校体育教学指导委员会技术学科组组长）

### 第一章　灵动体育理论思考　/ 001

第一节　理论背景 / 001

第二节　理论基础 / 005

第三节　内涵和特征 / 007

第四节　价值功能 / 009

第五节　操作构想 / 011

### 第二章　灵动体育课程建构　/ 014

第一节　课程目标 / 014

第二节　课程内容 / 017

第三节　课程实施 / 029

第四节　课程评价 / 033

### 第三章　灵动体育教学实践　/ 045

第一节　内涵特征 / 046

第二节　教学模式 / 057

第三节　实施策略 / 100

第四节　教学评价 / 107

## 第四章　灵动体育活动 / 123

第一节　体育特色活动 / 123
第二节　课间体育活动 / 129
第三节　体育竞赛活动 / 144
第四节　体育社团活动 / 149

## 第五章　灵动体育支持系统 / 153

第一节　教师指导 / 154
第二节　家长协助 / 158
第三节　社会支持 / 175

## 参考文献 / 180

## 后记 / 182

# 第一章 灵动体育理论思考

## 第一节 理论背景

灵动体育的提出不是心血来潮,而是有其紧迫的时代背景和研究需求。随着义务教育的全面普及,教育需求从"有学上"转向"上好学",必须进一步明确"培养什么人、怎样培养人、为谁培养人",优化学校育人蓝图。学校体育作为促进人全面发展的重要基础,需要在实现健康目标的前提下制定更高、更远的全面发展目标。因此,从拥有促进健康的健康观,到追求全面发展的育人观,是一种认识上的提升和观念上的转变,更是为国家建设培养高质量、高素养时代新人的新观念的体现。灵动体育是以儿童为根本的体育教育,是新课程理念下体育教育的一种人本化的实践模式,也是一种个性化的教学思想。

### 一、从国家战略中探求新时代学校体育之要

党的十八大以来,以习近平同志为核心的党中央高度重视学校体育工作,从全局和战略高度谋划、推动学校体育事业改革发展。国务院对加强学校体育工作提出了明确的要求,确立学校体育在体育强国、教育强国、健康中国建设中的地位和作用。

2012年10月,国务院办公厅转发的《关于进一步加强学校体育工作若干意见的通知》指出,加强学校体育,增强学生体质,对于提高学生综合素质,实现教育现代化,建设人力资源强国,培养德智体美全面发展的社会主义建设者和接班人,具有重要战略意义。2016年4月,国务院办公厅

印发的《国务院办公厅关于强化学校体育促进学生身心健康全面发展的意见》进一步强调,强化学校体育是实施素质教育、促进学生全面发展的重要途径,对于促进教育现代化、建设健康中国和人力资源强国,实现中华民族伟大复兴的中国梦具有重要意义。2018年9月,习近平总书记在全国教育大会上提出,努力构建德智体美劳全面培养的教育体系,要树立健康第一的教育理念,开齐开足体育课,帮助学生在体育锻炼中享受乐趣、增强体质、健全人格、锤炼意志,为整个学校体育的谋篇布局指明了方向,明确了任务。2019年6月,中共中央、国务院发布的《中共中央 国务院关于深化教育教学改革全面提高义务教育质量的意见》要求,坚持"五育"并举,全面发展素质教育;强化体育锻炼,坚持健康第一,实施学校体育固本行动。同年9月,国务院办公厅发布的《体育强国建设纲要》提出,将促进青少年提高身体素养和养成健康的生活方式作为学校体育教育的重要内容,把学生体质健康水平纳入考核体系。为贯彻落实习近平总书记关于体育强国建设的重要指示和全国教育大会精神,2020年9月国家体育总局、教育部联合发布了《关于深化体教融合 促进青少年健康发展的意见》,再次提出要强化学校体育。同年10月,中共中央、国务院发布的《深化新时代教育评价改革总体方案》明确提出,为促进学生德智体美劳全面发展,要强化体育评价。同月,中共中央办公厅、国务院办公厅印发的《关于全面加强和改进新时代学校体育工作的意见》再次强调学校体育的重要性,"学校体育是实现立德树人根本任务、提升学生综合素质的基础性工程,是加快推进教育现代化、建设教育强国和体育强国的重要工作,对于弘扬社会主义核心价值观,培养学生爱国主义、集体主义、社会主义精神和奋发向上、顽强拼搏的意志品质,实现以体育智、以体育心具有独特功能"。2023年1月1日起施行的《中华人民共和国体育法》规定,国家优先发展青少年和学校体育,坚持体育和教育融合,文化学习和体育锻炼协调,体魄与人格并重,促进青少年全面发展。据此,优先发展学校体育有了法律保障。

党的二十大报告明确提出加快建设高质量教育体系的政策导向和重点任务。学校体育是构建高质量教育体系不可或缺的组成部分,对于建设体育强国、教育强国具有重要支撑作用。《义务教育体育与健康课程标准(2022年版)》(以下简称《课程标准》)的颁布,进一步明确了新时代学校体育高质量发展的价值追寻与改革方向。但总体上,当下我国学校体育高质量发展的体系尚未完全建立，建立学校体育高质量发展体系，亟须实现从健康观到育人观的观念转变，以灵动体育为突破口，推进学校体育改革创新，为强国建设贡献力量。

## 二、从儿童体育中探问学生全面发展之需

成尚荣先生在《儿童立场》一书中提出，教育是为了儿童，教育是依靠儿童来展开和进行的。教育的立场应是儿童立场。儿童立场鲜明地揭示了教育的根本目的，直抵教育的主旨。儿童体育不仅是教育的一部分，也是带领儿童朝多方面发展的有力途径。当前，儿童体育在促进学生身心健康发展方面面临功利主义、应试倾向等挑战。在儿童体育实践中，亟需一种新的理念让儿童体育教育价值观念扭转和回归。

人类远古时期就已经有了儿童体育。在渔猎时代，人们在生产和生活实践中需要掌握奔跑、跳跃、攀登、投掷、射箭等技能。儿童是难以自行掌握这些技能的，需要成年人的传授。儿童也会模仿成年人的各种运动行为，这是学习生存技能的一种方式，也可以说是远古时代儿童体育教育的雏形。

近代儿童体育教育的发展可以追溯到19世纪初期。当时，欧洲开始创办幼儿学校，体育教育开始萌芽。到了20世纪，儿童体育教育逐渐发展成为全球范围内广受关注的教育领域。

中华人民共和国成立以来，我国儿童体育教育的发展又经历了多个阶段，尤其是党的十八大以来，以习近平同志为核心的党中央高度重视教育事业，坚持把立德树人作为根本任务，推动新时代儿童体育教育的发展。

全国教育大会提出的学校要帮助学生在体育锻炼中"享受乐趣、增强体质、健全人格、锤炼意志"，"四位一体"价值目标超越了以身体素质为主的身体观和以体质健康为主的健康观，要求学校体育立足学生多层次、多维度的发展需求，促进学生身心的和谐发展，帮助学生成为全面发展的完整的人。"四位一体"育人目标的提出是新时代学校体育最全面、最深刻的一次理念变革。有效贯彻落实"四位一体"育人目标及体育新课程标准，必须有专业的体育理念作为指导。

## 三、从"水墨文化"中探寻体育教育之道

阳澄湖畔、昆曲源头，有着一个具有6000多年文明史的水乡古镇——

正仪。2012年,笔者所在的江苏省昆山市正仪中心小学校(以下简称"正仪中心小学校")基于地方文化背景和基本校情,成功申报江苏省"十二五"教育科学规划课题——"构建学校'水墨文化'的实践研究",冯雪林校长与笔者担任这个课题的主持人。冯校长提出以省级课题为载体,确立特色办学、文化发展的思路,设置文化坐标点,确立学校的文化品牌"水墨正小——撷取水韵泽生命,寄情翰墨索真义",并创新教育的突破点,具体加强"六大体系""十项工程"的推进工作,建设一个理想、幸福的教育家园,培养好学生,发展好老师。

　　文化就像空气,虽浸润其中,却往往难以体察,而又须臾不可或缺。一方文化养育一方人,滋润着心灵,支撑着精神;一方文化孕育一方教育,丰富教育的内涵,提升教育的品位。"水墨文化"是正仪中心小学校师生生命成长的精神土壤,自觉汲取"水墨文化"的精神品质,积极融入学校教育、课堂教学,有利于提升校园生活质量和学科教学品质。那么"水墨文化"到底是什么样的呢?它能带给我们什么?笔者认为,"水墨文化"应该是自然生态与人文生态完美的结合,纯净澄澈、灵动飘逸、包容进取,既是智慧的象征,也是文化的载体。基于"水墨文化"探寻体育教育的发展之道,旨在立足生命视野,推崇一种自然的生命样态、一种自然的体育教育状态,使生命本色得到充分展现。

## 四、从当前教学改革中探索高质量学校体育发展之策

　　当前,一线体育教师在课程实施过程中遇到一些问题,主要是课堂低效,课程衔接不畅,学生体质提升困难,等等。其中,课堂低效主要表现为学生学不懂、学不乐、学不会、学不热;课程衔接不畅主要表现为体育课程缺乏衔接与连贯性,蜻蜓点水、低级重复、浅尝辄止、半途而废,学生上了6年的体育课,学不会一项运动技能;体质提升困难主要表现为学生的耐力持续下降,速度、爆发力和力量呈阶段性下降,超重与肥胖检出率不断提升,视力不良检出率也在持续上升,并出现低龄化倾向。

　　解决这些问题是深化体育课程改革的关键,更是体育教育质量提升的关键。高质量发展,不仅是新时代的战略要求,也是教育的发展方向。体育属于教育的重要组成部分,理应实现高质量发展,但体育教育改革与发展需要强有力的理论支撑,灵动体育理论体系的建构就显得尤为重要。灵动体育使体育更好地为学生成长奠基。具体而言,教师在充分了解把握学

生的运动与发展需求之后,通过确立能够满足学生运动需求和促进学生发展的教学内容,优化与整合多元化的实施路径,围绕"教会、勤练、常赛",培育学生核心素养,让学生感悟体育的魅力,享受运动的乐趣,增强体质,塑造健全的人格,锤炼坚强的意志。

在积淀中审思前行,在积淀中创新改革。基于以上背景,结合自己 20 多年教学经验,笔者和团队从 2012 年开始,开展灵动体育的研究与实践。

## 第二节 理论基础

灵动体育理论体系的构建,离不开心理学、教育学、运动学等理论基础。

### 一、心理学基础:马斯洛的需求层次理论

美国心理学家亚伯拉罕·马斯洛在《动机与人格》中将人的需求从低到高划分为五个层次,包括生理需求、安全需求、社交需求、尊重需求和自我实现需求。它给灵动体育理论带来的启示是,对学生运动需求的满足有必要体现出层次性。从宏观层面来看,灵动体育具有健身育人的重要价值,学生通过灵动体育学习满足身心健康发展的需求;从中观层面来看,灵动体育满足学生运动需求;从微观层面来看,灵动体育理论将学生运动需求具体细化为生存需求、生活需求、传承需求、审美需求、竞争需求、挑战需求六大类。综上所述,灵动体育理论倡导充分考虑学生个体差异、兴趣爱好,以满足学生各阶段发展需求为出发点,帮助学生形成学习动力,让学生享受运动乐趣、掌握健康知识、发展运动技能,养成终身体育锻炼习惯,最终满足学生不同层次的发展需求。

### 二、教育学基础:生本教育理论

灵动体育根植于生本教育理论。生本教育理论由华南师范大学郭思乐教授创立。郭思乐教授认为,生本教育就是以一切为了学生、高度尊重学生、全面依靠学生为宗旨的教育,是真正以学生为主体的、为学生好学而设计的教育。生本教育的深层意义,其实就是以生命为本,教育的本质是实现生命的提升,而生命的提升最终依靠生命自身。所以,生本教育强调学生是教育的真正主体,从而区别于其他类型的教育理念。

生本教育的学生观认为，人拥有其自身发展的全部凭借，具有与生俱来的语言、思维、学习、创造的本能。学生是天生的学习者，潜能无限，应调动学生的潜力。

生本教育的教师观认为，教师应该是生命的牧者，而不是拉动学生的纤夫。教师在教学中要尽可能"不见自我"，要把教学内容从一大堆知识点转变为知识的"灵魂和线索"，创造最大的空间，激发学生学习的兴趣。

生本教育的教学观鼓励以学定教，少教多学，直至不教而教，主张采用个人、小组和班级的多种方式的自主学习。生本教育提出，比基本知识和基本技能更为基础的是发展人的情感和感悟，认为感悟是人的精神生命拓展的重要标志，学生学习的核心部分应该是发展感悟，积累的意义也在于感悟的形成。

生本教育的评价观提倡不干扰学生成长期的成长，鼓励学生用成长期丰富的积累和感悟，取得优异的考试成绩。

生本教育的德育观认为，学生的美好学习生活是学校德育的基础。当学生在课堂中真正成为主人，自己去体验和感悟真善美时，就可以使教学中饱含的真善美最大限度地进入学生本体，从而起到最大的德育作用。由此，课堂教学成为最自在的、朴素的、无形的德育过程。

生本教育是一种崭新的教育体系。它强调以学生为主体，落实学生在整个教育教学过程中的主体地位。它还提出了相应的课程、教材、教法，以及与之相适应的教育评价体系和管理方法等，增强了可操作性，为灵动体育理论体系的构建奠定了教育学基础。

## 三、运动学基础：具身认知理论

体育教育是以运动项目为载体、以身体参与为主要形式开展的教育活动。如何满足学生需求，让身体参与运动项目学习将成为挖掘运动项目效能的关键，而具身认知理论对此具有重要的指导意义。20世纪80年代以来，当代认知理论在认识论层面实现了范式转变，具身认知理论摒弃了传统认知理论推崇的"身心二分"认知构架，承袭了梅洛·庞蒂身体主体观的思想精髓，认为认知、思维、记忆、学习、情感和态度等是身体作用于环境的活动塑造出来的结果。知觉、身体、环境是一个聚合的整体，这意味着认知活动并非封闭、理性、线性的单纯活动，而是根植于身体的生理变化及身体体验、身体情境中的。因而，身体活动不但具有生理意义，而且具有认知价值,身体活动是促进认知发展的先决条件。体育运动不仅可以强身健体,而且可以建构知识、形成认知、创造精神。具身认知理论适用于灵动体育的基本逻辑是,在情境的展开中获得身体的经验,学生在情境中体验到与知识、技能和体能接触的快乐。这就意味着在灵动体育中,身体体验、情境设置等将成为学生形成认知、满足需求、体验成长的重要教学方式。具体启示包括以下三个方面。

第一,强化身体参与意识,引导学生动起来,这是"学懂、学乐、学会、学热"的基础。学习过程并非发生在脱离身体的空洞心灵中,也不是产生于脱离心智的躯体中,而是产生于有着生命体验的身体活动中,让学生在尝试挑战、体验游戏、探究技术等环节之中,发展体能、掌握技能、塑造品德。例如,运动能力的形成需要反复练习和体会,这就凸显出"练"和"赛"的重要性。

第二,创设体育学习情境,引领学生积极参与体育教学活动。例如,专项运动技能的教学可以充分挖掘专项运动项目的本质特征,激发学生的学习积极性,通过角色分配、团队对抗、场景模拟、技术总结、战术讨论等教学策略,以及观看、倾听、互动等方式,让学生置身于多元体验的学习氛围中,调动各个感官参与,充分体验运动的乐趣,形成对所学运动技能的深刻认知,体会团队协作的重要意义。

第三,关注并尊重个体差异,使不同水平的学生都能得到相应的发展。无论是教学目标还是评价标准都不能"大一统""一刀切",教师需要时刻保持对学生的关注,挖掘不同学生体育学习的潜能,要让所有学生都能体验到运动技能进步所带来的成就感和获得感,这是灵动体育不可或缺的重要价值。

## 第三节 内涵和特征

### 一、灵动体育的内涵

教师作为"人类灵魂的工程师",教育教学也是一种创造性劳动。教师需要运用教育教学的智慧和艺术,用"灵动"来铸就教育教学之魂。在课程、教学、活动等方面都要注入"灵动"的因素,教育教学变得灵动了,学生才能具有灵气,所学的知识和技能才能得到灵活运用,才能开启学生心灵，真正走进学生内心，提升学生核心素养，才能培养新时代需要的人才。

"灵动体育"包括三个方面的内涵：第一，从语言角度来看，灵动体育是指活力、创新的体育。《现代汉语词典（第7版）》将"灵动"一词解释为：活泼不呆板，富于变化。因此，灵动体育是指生动活泼、富于变化的体育。第二，从心理学角度来看，"灵"主要指灵魂、心灵，"动"主要指触动、感动，因此，灵动体育是指直击灵魂或心灵的体育。第三，从教育学角度来看，"灵"是指教育教学方法变化多样且适合学生，课堂达到灵透，学生具有灵气；"动"是指教育教学过程要自动、互动、群动，从而达到师生身心俱动。因此，灵动体育是指课堂灵透、师生身心俱动、学生具有灵气的体育。

笔者所提出的"灵动体育"中的"灵"可以解读为灵活、灵气、灵魂；"动"可以理解为生动、悦动、触动。"灵动"，即课堂要灵活生动，师生要灵气悦动，教育要灵魂触动。因此，"灵动体育"指通过灵活生动的身体练习与活动，塑造灵气悦动的学生，触动学生的灵魂，促进学生健康成长、灵性发展的体育。

高质量的学校体育改革急需一个能够全面推进且目标明确、实施路径清晰、实施效果显著的体育教育模式。分析以往学校体育教育模式可以发现，这些教育模式尽管各有优势，但都难以独立承担起体育教育的重任。为了更好地发挥体育教育服务学生全面发展的功能，也为了更好地帮助一线教师贯彻落实好新课程标准，灵动体育理论体系的建构便成为必然选择。灵动体育是从"为学生健康而灵性发展奠基"的愿景出发，通过确立适配的学校体育教育内容和组织方式，整合并优化多种实施路径，充分满足学生的发展需求，围绕"教会、勤练、常赛"，培育学生的核心素养，并在组织实施的过程中让学生感悟体育的魅力，享受运动的乐趣，增强体质，塑造健全的人格，锤炼坚强的意志。

## 二、灵动体育的特征

灵动体育具有以下特征。

### 1. 主体性

主体性是人作为活动主体的根本属性和本质特征，是人全面发展的核心。现代教育最重要的特征是尊重人的主体性，弘扬人的主体性，发展人的主体性，完善人的主体性。抓住人的主体性特征，就是抓住了教育的本质。灵动体育的主体是学生，学生充分参与是主体性的基本要求。主体性是灵动体育的出发点，也是落脚点。只有突出学生的主体性，教师的主导性才会彰显。灵动体育积极遵循学生的主体性，将校园、班级、课堂上的话语权、发展权还给学生，让学生不断体验、认识和成长，还原教育的本质。

2. 动态性

灵动体育课堂是运动的、发展的，每个班级乃至个人的学情都是存在差异的。灵动体育的动态性要求体育教师着眼于学生发展的根本目标，发展学生的个性，不断挖掘学生的潜力，为学生搭建发展的平台，为学生提供机会，为学生多彩的人生打好底色，真正促进学生的全面发展。

3. 本真性

灵动体育以人的自然本性为基础，让学生的本我在一种自然的公共生活中得到实现和舒展。灵动体育的本真性推崇发掘每一个学生的特长，让学生沐浴着阳光，充满自信，弘扬智慧，彰显活力，健康成长。灵动体育教育是人自主、自由发展的教育，是回归自然本色的教育。

4. 灵活性

灵动体育的灵活性意味着反对模式化，不拘泥于教材，不局限于一节课，根据学生的特点、兴趣爱好，着眼于学生的终身发展，采用学生喜欢或者易于接受的方式，运用适切的方法，循循善诱，引导学生动体、动脑、动心，帮助学生享受运动的乐趣，掌握体育知识，发展运动技能，形成终身体育锻炼的习惯，使学生和教师内在的生命活力得到不断滋养。

## 第四节　价值功能

灵动体育是在当前体育教育实践的基础上，引进国内外先进的教育教学理念，提出适合于本土的个性化的现代体育教育理念。灵动体育的实践，就是要把真善美的灵动体育世界呈现给学生，使学生快乐学习、全面发展、灵性成长。

（一）理论价值

1. 创新学校体育的育人方式

学校体育除了要满足学生的运动认知和身体锻炼需要，还要帮助学生在体育锻炼中享受乐趣、增强体质、健全人格、锤炼意志。灵动体育强调面向未来、改革创新，秉持"健康第一"的教育理念，高度重视以体育人、综合育人理念的渗透，努力实现从"知识导向"向"素养导向"转变，从"单一技术导向"向"结构化知识和技能导向"转变，从"简单情境"向"复杂情境"转变，从单纯的"体育教育"向"体育与健康教育及多学科融合"转变。这四个转变有助于学生从灵动体育中获得健康的身心、强健的体魄和全面的发展。灵动体育重视跨学科主题学习，将体育与健康教育同其他"四育"融合，增加了与国防教育和劳动教育的有机融合，创新了学校体育的育人方式，对培养学生的跨学科思维和综合解决问题能力大有裨益，助力实现学校体育"以体育人、以体育心"的功能。

2. 丰富学校体育理论

灵动体育运用教育学、心理学、运动学等理论探讨学生学习的规律，把学生智力因素和非智力因素调动起来，促进学生发展，丰富学校体育理论。

3. 构建学校体育特色课程

灵动体育以学生的发展为本，从学生的实际出发，推进体育课程一体化改革，深入贯彻实施新课标，注重为学生健康而灵性发展奠基，彰显学校特色，构建高质量学校体育特色课程。

（二）实践价值

1. 探索学生灵性发展的途径

灵动体育让学生保持身心健康，获得知识的增长、技能的进步和精神生命的成长。灵动体育以"灵动"为核心，不囿于固化的教育形式，主张用生命激扬生命，用灵魂滋养灵魂，呵护生命的灵性，点亮生命的色彩；以"普惠"为前提，立足生命、尊重生命、传递公平，关注每一个学生，使人人得到发展；以"沁润"为方式，主张在情境中让学生体验、探究、发现、感悟。灵动体育理论体系的实践价值在于促进学生身心健康、体魄强健，呵护每一个学生的成长，为学生铺就丰富的当下、绚烂的未来、多彩的人生。

2. 提升体育教师的专业素养

灵动体育对于教师而言，就是站在教师的角度思考问题，相信每一位教师，让他们体会到体育教师职业的成就感，拥有"让生命灵动"的情怀，相信自己的专业能力和教学水平，相信自己能把体育教育工作做得更好。

灵动体育研究立足校本特色，多途径、多形式激发体育教师的发展潜能，推动打造一支多层次、专业化、可持续化发展的灵动体育教师队伍。准确把握当前校本培训的前沿方向，采取"师徒结对""共建帮扶""三新一德"等一系列灵活多样的措施，促进教师专业素养的提高。开展对灵动体育的教学研究与探索工作，打造具有生命活力的灵动体育课程，积极构建个性化的教学模式。

3. 建立学校、家庭、社会三位一体的育人机制

构建灵动体育理论体系是一个系统工程，涉及领域宽、范围广。我们精心打造学校、家庭、社会三位一体的育人机制，将学校体育、家庭体育及社会体育结合起来，形成协同共育的环境。

学校、家庭、社会三位一体的育人机制主张通过各种渠道，听取家长意见，了解家庭体育存在的问题，积极帮助家长不断地改进家庭体育教育方法，促进学生全面发展。努力探索多元互动的家校合作模式，开设家长体育委员会、家长体育热线、家庭体育讲座、爸爸体育课堂等，同时还要求家长配合学校共同做好"家庭体育成长册"的记录工作，帮助家长发挥他们在学生成长过程中的教育作用，树立正确的人才和家庭教育观，促使他们主动掌握正确、科学的体育教育方式配合参与学校体育教学管理工作，实现互补、双赢的家庭体育新目标。积极协调社会教育力量，在场地、设施、资金、人员等方面形成交叠效应，特别是在"双减"政策的背景下，学校、家庭、社会协作共育为构建灵动体育理论体系提供了保障。

## 第五节 操作构想

灵动体育从最初的感性认识，经由系统的实验，逐渐发展成一个具有创新理念、鲜明主张与具体策略的成熟体育教育体系，并在实践中不断经受检验，丰富和发展自己。

我们倡导的灵动体育，旨在通过体育学习与活动，让体育直抵人的内心，唤醒灵动的生命意识，培养灵动的思维特性，塑造灵动的个性，孕育灵气与活力，激发灵性与智慧。灵动体育是一种创造性建构，是对体育教学理论的一种极具个性的具体阐述。灵动体育为学校体育高质量发展寻找到新路径、新维度。

基于灵动体育在学生成长过程中的独特作用，在长达十多年的实验与

研究过程中，我们逐渐建构出灵动体育课程、灵动体育课堂、灵动体育活动、灵动体育支持系统等一系列的操作构想。

1. 灵动体育课程

课程是实施素质教育的载体。灵动体育首先指向灵动体育课程的开发与实践，从课程目标、课程内容、课程实施和课程评价四个方面着手，倡导课程目标的递进、课程内容的衔接、课程实施的多样化、课程评价的系统化。内容是灵动体育课程的核心，缺少内容的课程是不完整的。灵动体育课程的内容非常丰富，包含基本运动和专项运动的运动能力等级评价标准体系，和与之对应的分别按学段和模块建立的结构化内容体系。有了这两套体系才能实现真正的课程衔接，避免学生所学内容的低级和重复。灵动体育课程实施呈现出多样化特点，主要体现在教学多样化、考评多样化、教材多样化、资源多样化等方面。灵动体育课程评价不仅仅局限于课程评价、课堂评价的分类实施，更体现在核心素养的关键要素——运动能力评价。灵动体育课程评价体系的建构，使得学、练、赛、评这一链条变得更加完整、连贯。

2. 灵动体育课堂

灵动体育课堂的打造，不仅涉及对"活、动、真、趣"内涵的理解，而且还要从"活、动、真、趣"中探寻与灵动的关联，设计出切实可行的操作方案，培养体育教师的施教能力。在灵动体育课堂教学中，"活、动、真、趣"与灵动之间有着明确的指向性，分析"活、动、真、趣"课堂的灵动特性，不仅对打造灵动体育课堂有着明确的指导意义，而且对实现高质量的体育教育有着重要的推动作用。

3. 灵动体育活动

体育课程的实施不能局限于课内，课外作为体育活动的第二课堂，不仅能弥补课内学练时间的不足，还能丰富活动内容和创新活动形式，有助于学生运动习惯的养成、运动技能的掌握和运动能力的培养。灵动体育活动重视大课间的内容与形式，活动内容要尽可能与课堂学习内容有关联性，要采取学生们喜欢的形式组织活动，大课间的品牌建设、特色发展都不能脱离实际而过分追求形式。课外活动尚未引起多数学校的重视，灵动体育活动在一定程度上充实了课余训练内容，使课外活动的时间与效果得到了应有的保障。

**4. 灵动体育支持系统**

灵动体育需要学校、家庭和社会的联合发力，只有做到学校、家庭和社会有机联合，灵动体育的实施才能更有成效。灵动体育的校内外联合是围绕"以体育人"目标，发挥灵动体育教育的重要价值功能而形成的合力。学校需要打好"以体育人"的基础，从知、能、行等方面落实好各学段体育课程目标，还要做到与家庭和社会的通力合作，弥补学校体育发展的不足。社会体育的发展，对学生参与校外体育锻炼有着直接的影响；家庭体育的开展力度，与学生的校外锻炼效果密不可分，甚至起着决定性作用。推行家庭体育作业制度是促进孩子们参与家庭体育锻炼的重要抓手，需要家长的大力支持和配合，而且家长的体育观念、运动能力、锻炼行为直接对学生体育习惯的养成、锻炼质量的保障起着关键性作用。基于此，为了确保灵动体育的有效实施，校内外联合不容忽视。

灵动体育课程、灵动体育课堂、灵动体育活动和灵动体育支持系统之间有着紧密的联系，灵动体育课程是基础，只有课程设置得到了保证，学生才有发展的途径；灵动体育课堂是中心环节，因为一切课程都要靠教学去实施，离开了教学，课程就成了空中楼阁；灵动体育活动是支撑，因为活动能凝聚人、激励人、锻炼人、唤醒人、养育人；灵动体育支持系统是保障，因为学校体育离不开家庭和社会的协同。

灵动：儿童体育教育中的畅想与激发

# 第二章 灵动体育课程建构

灵动体育课程是新时代体育课程一体化从理论创建转化成实践应用的创新性课程，是连接体育课程一体化理论与实践的桥梁，是落实体育课程一体化改革的必然选择。

灵动体育课程从"为儿童健康而灵性发展奠基"的愿景出发，通过确立适配的内容和组织方式，整合并优化多元实施路径，充分满足学生的发展需求，围绕"教会、勤练、常赛"，培育学生核心素养，并在组织实施的过程中让学生感悟体育的魅力，享受运动的乐趣，增强体质，塑造健全的人格，锤炼坚强的意志，追求健康而灵性的发展，是符合培育时代新人要求的课程。

## 第一节 课程目标

课程目标是学生进行体育课程学习之后应该达到的预期效果，对课程内容、课程实施与课程评价都起着引领作用。灵动体育课程遵循"基础课程渗透特色，特色课程三类统整，课程设置多元可选，课程对象专普兼顾"的原则，依据《课程标准》的要求和"强体、立德、增智、赏美"的育人目标，从"健身"发展、"修身"发展、"砺身"发展三个维度，构建灵动体育课程群。

### 一、总目标

课程总目标分别对应和指向灵动体育课程要培养的运动能力、健康行为、体育品德三个方面的学生核心素养，充分体现课程育人的本质特点。

1. 提高体能和运动技能水平，增强运动能力

通过灵动体育课程的学习，学生能享受运动乐趣，掌握各种提升体能的学练方法，积极参与各种体能练习；在学练多种运动项目技战术的基础上掌握1—2项运动技能；认识体能和运动技能发展的重要性，掌握所学运动项目的基础知识和基本原理，了解并运用所学运动项目的规则；经常观看体育比赛，并能简要分析体育比赛中的现象与问题，形成积极的体育态度，提升分析问题和解决问题的能力。

2. 学习健康与安全的知识，形成健康的生活方式

通过灵动体育课程的学习，学生能理解体育锻炼对健康的重要性，积极参加校内外体育锻炼，逐步形成体育锻炼意识和习惯；掌握个人卫生保健、营养膳食、常见疾病和运动伤病预防、安全避险等知识，并运用在学习和生活中；了解和体验体育活动对心理健康的积极影响，学会调节自己的情绪，积极应对挫折和失败，保持良好的心态；了解在不同环境下进行体育锻炼的方法和注意事项，逐步增强适应能力。

3. 积极参与体育活动，养成良好的体育品德

通过灵动体育课程的学习，学生能理解参与体育活动对个人品德塑造的重要性；积极参与体育活动，在不超过体能极限且保证安全的情况下能克服困难，坚持到底；遵守体育游戏或比赛规则，相互尊重，培养公平竞争的意识；保持良好的礼仪，承担不同的职责并认真履行，正确对待成败；能将体育运动中养成的良好体育品德带入日常学习和生活中。

以上三点课程总目标是学生经过灵动体育课程学习之后应该达成的目标。灵动体育课程总目标的核心素养导向有利于转变单一的"知识和技能的发展"的目标取向，有利于引领教师从核心素养视角设计与实施教学实践，从而让核心素养成为课程设计的重要部分，确保灵动体育课程以总目标为引领，真正落实核心素养的培养。

## 二、水平目标

灵动体育课程依据核心素养达成度，在小学阶段分三个水平对课程目标进行细化，既与课程总目标对应，也体现各个水平的特点，同时还体现水平之间的相互连续性。从表2-1可以看出，灵动体育课程目标具有整体性、阶段性的特点。

表 2-1　灵动体育课程水平目标

| 课程总目标 | 水平目标 | | |
| --- | --- | --- | --- |
| | 水平一<br>（一、二年级） | 水平二<br>（三、四年级） | 水平三<br>（五、六年级） |
| 掌握与运用体能和运动技能，提高运动能力。 | 积极参与各种体育游戏，感受体育活动的乐趣。<br>学练和体验移动性技能、非移动性技能、操控性技能等基本运动技能。 | 积极参与多种运动项目，感受运动的乐趣。<br>学练体能和多种运动项目的知识与技能，能进行体育展示或比赛。<br>运用所学知识观看体育展示或比赛。 | 积极参与运动项目学练，形成运动兴趣。<br>体能水平显著提高；掌握运动项目的基本知识，学练运动项目的技战术，并能在体育展示或比赛中运用。<br>运用比赛规则参与裁判工作，观看体育比赛并能进行简要评价。 |
| 学会运用健康与安全的知识和技能，形成健康的生活方式。 | 感受体育锻炼对健康的重要性，参与校内外体育活动。感受体育带来的身体姿态美。知道个人卫生保健、营养膳食、安全避险等健康知识和方法，并将其运用于日常生活中。<br>活泼开朗，体验快乐。乐于与他人交往，适应自然环境。 | 了解体育锻炼对健康的重要性，积极参与校内外体育活动。感受体育带来的身体姿态美。<br>了解个人卫生保健、营养膳食、运动伤病、安全避险等健康知识和方法，并将其运用于日常生活中。<br>关注自己情绪的变化。积极与他人沟通和交流，适应自然环境的变化。 | 理解体育锻炼对健康的重要性，主动参与校内外体育锻炼。<br>将健康与安全知识和技能运用于日常生活中。<br>遭受挫折和失败时保持情绪稳定。<br>交往与合作能力提升，适应自然环境的能力增强。 |
| 积极参与体育活动，养成良好的体育品德。 | 在体育活动中表现出不怕困难、坚持学练的意志品质。<br>按照要求参与体育游戏。<br>在体育活动中尊重教师，爱护同学，能扮演不同的运动角色。 | 在有一定难度的体育活动中表现出勇敢、顽强、克服困难的意志品质。<br>按照规则和要求参与体育活动。<br>在体育活动中文明、礼貌、乐于助人。 | 在有挑战性的体育活动中能迎难而上，表现出自信和抗挫折能力。<br>遵守各种规范和规则，尊重裁判，尊重对手，表现出公平竞争的意识。<br>具有团队精神和集体意识，能接受比赛结果。 |

## 第二节　课程内容

课程内容是构建灵动体育课程和实施灵动体育教学活动的直接载体。国家课程、地方课程与校本课程共同构成了我国基础教育课程。灵动体育课程从国家课程校本化、校本课程特色化这两个方面来开发与实施。

### 一、国家课程校本化

开全、开好各类国家课程，是学校实施素质教育的基本要求、保底工程。但由于各地方、各学校的实际情况不同，众多学习者的认知背景及学习特点存在差异，需要在学法指导与策略教学方面采取更有针对性的措施。

国家课程校本化，是指在国家课程标准的指导下，教师根据本校的办学思想、基于本校的实际进行的课程开发活动，使国家课程的教学体现出学校办学思想的鲜明个性。也就是说，在教学过程中，教师赋予教学活动更多的灵动色彩，强调教学中的灵动，通过灵活的教学设计、适切的教学方法等，走进和涵养学生心灵，帮助学生树立正确的价值观，把握正确的学科方向，促进学生健康成长。以学活教，心随课动，课随心动，这就是灵动教学的真实写照，也是国家课程校本化的教学。

体育与健康课程作为国家课程体系重要的组成部分，在学校层面有效实施的前提条件下更加依赖于校本化实施。体育与健康课程校本化实施是指以国家颁布的《课程标准》为依据，在充分考虑地方体育文化特色、全面分析学校具体体育教学实际的基础上，以学校教师为课程实施的主要力量，以培育学生核心素养为目的，编制并实施学校体育与健康课程方案的过程。体育与健康课程校本化以全面贯彻落实《课程标准》为主旨，是国家课程在学校落地、生根、开花、结果的过程。

灵动体育课程中的国家课程校本化以促进学生全面发展为己任，立足大教育观、大体育观、大课程观，注重教材内容的重新组合、教学方式的重大变革，充分发挥灵动体育课程的重要价值。

1. 大单元教学

大单元教学是指对某个运动项目或项目组合进行 18 课时及以上相对系统和完整的教学。也就是说，大单元教学是学生在同一时间段内进行的不间断的、连续性的和系统性的学习。灵动体育课程运用大单元教学对教学内容进行系统分析和整体规划，提高教学效率，减少不必要的和重复性的课时安排；优化单元教学和课时教学，使学生通过较长时间的连续学练，掌握所学运动项目的核心知识与技能，拥有对所学运动项目的完整体验与深度理解，强化体育以人为本的课程本质，促进学生全面发展与健康成长。下面以表2-2为例，展示三年级《篮球》大单元教学安排。

表2-2　三年级《篮球》大单元教学安排

| 课时 | 内容 | 课时 | 内容 |
| --- | --- | --- | --- |
| 1 | 熟悉球性及简单组合 | 10 | 单手传球+投篮 |
| 2 | 各种形式的运球及简单组合 | 11 | 胸前双手传球+投篮 |
| 3 | 原地运球+投篮 | 12 | 多人传抢球练习及简单组合 |
| 4 | 直线运球+投篮 | 13 | 传球及简单组合 |
| 5 | 曲线运球+投篮 | 14 | 运球+上篮 |
| 6 | 各种形式的投篮及简单组合 | 15 | 传球+上篮 |
| 7 | 各种方式的运球+投篮 | 16 | 3V3比赛 |
| 8 | 防守及简单组合 | 17 | 3V3比赛 |
| 9 | 攻防及简单组合 | 18 | 3V3比赛 |

表2-2以《课程标准》为指导，坚持"健康第一"的指导思想，落实立德树人根本任务，根据三年级学生的身心发展特点及动作技能形成规律，设计《篮球》大单元教学计划，从三年级学生学情实际出发，深化篮球项目教学。学生通过18课时大单元的学习，熟悉篮球运动的简单规则，基本学会运球、传球等基本动作，能够在篮球比赛中运用简单技能，发展核心素养。

2. 跨学科主题学习

《课程标准》明确指出，跨学科融合是学生提高运动能力、学习健康知识和传承中华优秀传统文化的重要途径。灵动体育课程融合多门课程，立足于核心素养，结合课程的目标体系，设置有助于实现体育与德育、智育、美育、劳动教育和国防教育相结合的多学科交叉融合的教学内容，充分发挥育人功能，促进学生的全面发展。

跨学科旨在培养全面发展的人，培养学生在应对新环境、新变化和复杂的情境中，运用两种或两种以上学科知识解决复杂问题的能力。教师要打破学科壁垒，找到各学科之间知识的关联点，帮助学生完成知识迁移，获得高阶思维，从而发展学生的正确价值观、必备能力、关键品格。跨学科主题学习活动就是要整合跨学科知识关联点，科学设计与实施教学内容，让学生深度学习，形成可迁移的跨学科理解，体验跨学科思维，培养跨学科素养。以下是"武术小戏台"——跨学科主题学习的案例。

## "武术小戏台"
### ——跨学科主题学习

一、梳理相关学科的教学内容，创设真实、复杂的教学情境

每个学科并不是孤立的存在，各学科在学科起源、发展历程、教学方法、教学内容等方面均有重叠之处。比如武术和戏曲，有声有色的戏曲表演和行云流水的武术套路，看似是独立的两门学科，但在中国历史文化长河中均有交叉和重叠之处。在参照新课标的基础上，通过分析研究，挖掘出武术与戏曲的内在联系，提炼跨学科主题学习内容。精心选择和设计学生感兴趣的、富有生活复杂情境的教学内容，引导学生在情境活动中进行自主合作，体验学科之间的"梦幻联动"，敢于提出疑问，在批判中进步，在思辨中成长。

二、寻找各学科之间的关联点，形成跨学科的学习主题

多方寻找体育与健康及其他学科之间、体育与社会生活的关联点，充分挖掘体育与健康及其他学科的内在联系，优化和整合跨学科主题学习内容。基于体育与健康课程及其他学科的跨学科融合内容，确定不同水平阶段的跨学科学习主题。例如，关羽是戏曲中忠义仁勇的武将角色，以关羽这一人物为武术和戏曲课程内容的"关联点"，设计了不同水平阶段的"关云长"学习主题示例（表2-3）。

表2-3 "关云长"学习主题示例

| 水平 | 学习主题 | 说明 |
| --- | --- | --- |
| 水平一 | 了解关云长 | 结合武术和戏曲相关知识，欣赏和了解关公的人物特征、武术器械特点和戏曲红脸脸谱的相关特征，培养学生对中国民族文化的认同感，增强对中华传统文化的自信。 |

续表

| 水平 | 学习主题 | 说明 |
|---|---|---|
| 水平二 | 分析关云长 | 结合武术基本功和戏曲"唱、念、做、打"知识，分析关公的武术、戏曲动作特点，采用结构化教学方法，将武术基本功法和戏曲的"做、打"有机结合，发展学生专项运动技能，弘扬立身正直、厚德载物的尚武精神。 |
| 水平三 | "小小关云长"表演 | 欣赏关公武术戏曲作品，自主合作创编"小小关云长"表演秀，将武术与戏曲基本动作组合融入表演中，提高学生的运动技能水平，培养学生对中华传统文化的文化认同感。 |

本案例围绕跨学科主题学习，将中华传统体育类课程内容和艺术课程中的戏曲内容相结合，以"武术小戏台"作为跨学科主题学习案例进行设计，让学生通过查阅资料了解武术与戏曲的起源，自主搜集武术与戏曲的历史文化起源、与武术和戏曲相关的成语及古诗词，举办成语接龙赛及诗词大赛，自主创编"戏曲武术"韵律操，模拟"武术小戏台"舞台表演，深切感受武术与戏曲碰撞所带来的中华传统文化之美，加深对中华传统文化的理解，引导学生在体育活动中综合应用武术、戏曲等学科知识与技能。通过对武术和戏曲的跨学科融合，建立真实、复杂的舞台表演场景。学生通过自主合作、团队创编等形式，真实地体验武术和戏曲的内涵，学习和掌握武术和戏曲的相关知识和技能，有效提升创新能力，培养对中华传统文化的认同感。

基于发展学生核心素养和促进学生身心健康的目标，我们还开发体育与其他多学科融合主题学习的课程内容。如在乒乓球教学中，与数学学科相联系，计算球的内旋和外旋角度、球的落点位置等；在耐久跑教学中，融入国防教育、安全教育等知识，模拟"火灾脱险和救助"的真实情境，使学生了解在真实火灾情境中的急救知识和处理办法，在"烈火英雄"的情境音乐中，培养学生在真实情境中沉着冷静的应对能力、耐久跑能力及团结协作精神，帮助学生树立保家卫国的爱国情怀。在此过程中，教师只是引导者，通过抛出问题，让学生主导课堂，进行团队合作、小组质疑、集体思辨、真实体验，从而有效提升学生的能力。

## 二、校本课程特色化

校本课程特色化是学校办学质量和品位提升的必由之路。特色课程是教育公平的体现，是在每所学校的具体条件下，给每一个学生提供更好的教育。

1. 体育校本课程

体育校本课程彰显了学校体育特色。我们在国家课程校本化的基础上，鼓励教师参与开发校本课程，针对学校自身特色、学生特点，通过专家验证，打造具有正仪中心小学校特色的体育校本课程。

**特色课程丨灵动体育，让每一个学生都绽放精彩**

正仪中心小学校把体育作为学校发展的突破口，在多年的积累中，构建了灵动体育特色课程群，以此来提升学校整体课程质量。

一、灵动体育特色课程体系育人目标

在学校课程领导力项目研究的推进过程中，正仪中心小学校把整体课程分为基础型课程、拓展型课程和综合型课程三个部分。其中的基础型课程分为核心课程和基本课程，体育成为和语文、数学、英语同等重要的核心课程。根据教育部在《课程标准》中提出的体育学科核心素养内涵，正仪中心小学校提出了"在运动中强体、立德、增智、赏美"的育人目标，确定体育特色课程体系要重点培育学生三大素养，即运动能力、健康行为和体育品德。

二、灵动体育特色课程体系的课程框架

正仪中心小学校按照"国家课程校本化，校本课程特色化"的思路，遵循"基础课程渗透特色，特色课程三类统整，课程设置多元可选，课程对象专普兼顾"的原则，努力将特色课程与整体课程相结合。依据体育学科核心素养和"在运动中强体、立德、增智、赏美"的育人目标，从"健身"发展、"修身"发展、"砺身"发展三个维度，初步构建正仪中心小学校灵动体育课程框架（图2-1）。

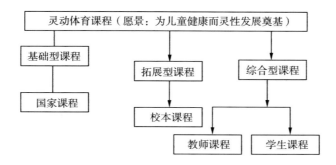

图2-1 正仪中心小学校灵动体育课程框架

正仪中心小学校体育特色课程是该校课程的一个组成部分，其他课程与它有上下位的关系，相互之间必须有呼应。基于总体课程框架，该校不断完善和丰富体育特色课程群，形成"能进能出，能分能合"的课程模块，设计"十会"体育特色课程，惠及全体学生，又重视体育特长生，力图以体育引领德、智、美与个性的和谐发展，培养灵动体育少年，为儿童健康而灵性发展奠基（图2-2）。

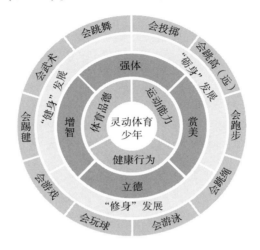

图 2-2　正仪中心小学校灵动体育特色课程群图谱

三、灵动体育特色课程体系实施路径

正仪中心小学校在课程实施过程中始终树立这样一个核心观念：体育特色课程体系的构建不是把学校建设成体育特色校，而是基于学校现状，以体育为突破口实现全面育人。在实施的过程中，遵循"三类课程融合、文化建设并行、专业机构支持、社会资源利用"的实施策略，多向发力，扎实有序地推进特色课程建设。

1. 体育核心课程惠及全体，照顾个性，支持拔尖

（1）体育专项化教学

作为全国青少年校园足球特色学校，正仪中心小学校将足球作为重点发展项目，通过专项课实现了普及化教学与拔尖性训练的整合。在长期专项化教学的基础上，该校围绕江苏省第十二期教研课题"基于学科核心素养的'灵动足球'的校本课程的实践研究"，对基于生本与校情的体育专项课教学目标、教学内容、教学方法与手段进行系统研究，并以此为基础，编写《灵动足球》《汤姆爱足球》等一系列校本教材。

(2) 强化身体素质训练

正仪中心小学校注重核心课程的身体素质练习，除每周一节的身体素质训练课之外，在专项化教学的过程中，强调对学生进行体能训练。以"出汗量"为目标强化专项课的身体素质练习，体育组积极探索基于专项教学的身体素质训练方法，形成了"30+30"的专项课结构。此外，该校还以身体素质练习为主要内容进行大课间活动，确定了系统的身体素质练习目标与方法，并采取分层分类、倡导竞争的方式，训练学生体能。

(3) 体育特长生训练系统化

加强对体育特长生的有效管理与系统训练。目前，正仪中心小学校体育特长生约占学生总数的六分之一，每周训练六次，每次训练两小时左右。训练采取双教练制度，主教练抓技术训练，助理教练抓学生管理。该校开设夏令营、冬令营，为体育特长生假期训练、文化学习提供保障。

(4) 体育活动专普结合

正仪中心小学校以"日日有活动，周周有比赛"为目标，创设分类分层的体育赛事活动平台，扩大学生参与面。在各级各类体育比赛中，非体育特长生日益发挥更大作用，体现了特色课程对普通学生发展的支持。

2. 三类课程与体育元素多元融合

(1) 基础型课程融合体育元素

体育元素与其他基础型课程融合是正仪中心小学校特色课程凸显面向普通学生，惠及全体学生的另一个重要特征。为实现国家课程的校本化，引导教师努力挖掘基础型课程的体育元素，发挥体育特色的内在功能，形成体育元素与基础学科教学融合的机制（表2-4）。

表2-4　基础型课程中的体育元素融合示例表

| 学科 | 单元（章节） | 体育元素的融合 |
| --- | --- | --- |
| 语文 | 四年级（上）《爬天都峰》 | 在"耐久跑"一课中，融合本课内容，让学生体验爬天都峰的精神。 |
| 数学 | 六年级（上）《百分比》 | 在"排球"一课中，融合本课知识点，让学生在小组排球赛中利用百分比算出排球得分。 |
| 英语 | 四年级（下）<br>I can play basketball | 在"篮球"一课中，融合本课知识点，让学生在体育课中复习相关的知识。 |

(2) 拓展型课程普及体育知识

正仪中心小学校积极探索体育与文化学科的融合，从体育与科学、体育与人文两个维度，努力挖掘体育与文化学科的契合点。目前，已经完成三本体育文化校本教材的编写，包括《光环背后——体育文学作品选读》《国际体育赛事——英语阅读》《体育与科学》，通过语文、英语、科学学科拓展型课程覆盖全年级学生。

(3) 综合型课程体验体育文化

为帮助学生在综合型课程中体验体育文化，正仪中心小学校搭建体育艺术、体育欣赏、赛事服务、艺术体育等平台，鼓励学生通过绘画、舞蹈、摄影、演讲、黑板报、手抄报、微电影等方式表现运动美。鼓励各班自主开展搏击操、球操、圈操、绳操、太极拳等项目，为学生多元发展和个性发展提供平台，将体育、科技、艺术同班级建设相结合，丰富学生的体验。该校还把体育特色课程与综合实践课程相结合，以体育规则教育为切入点开展系列研究学习活动。

校本课程以学生需要为主要指向，以教师自主为操作手段，以学校特色发展为个性平台。正仪中心小学校的灵动体育特色课程群，已经发展了十多年，从迷茫到尝试，从尝试到实践，从实践到完善，其间创作完成的"我们爱运动"系列校本教材就是学校、教师、学生共同努力的结果。

2. 教师个性课程

教师个性课程，就是教师个人依据自己的知识背景、文化背景、个人爱好、研究专长而开发出来的、独特的、具有鲜明个性的课程。有的教师爱好羽毛球，有一定的羽毛球专业技能，于是研究出一套个性化的羽毛球课程；有的教师喜欢跳绳，对跳绳有一定的研究，于是研制了花样跳绳课程。笔者也做了一点粗浅的尝试（童玩课程）。

### 童玩课程，顺应儿童天性的教育回归

童玩，不仅是一种基于儿童立场的快乐学习方式，也是一种教育理念，它基于儿童核心素养的培养，既是学的起始点，也是学的最佳点。玩中启智，玩中正本，玩出灵动，让儿童在玩中健康、快乐地成长。

童玩，让儿童成为教与学的主角，关注成长的快乐与体验，关注校园生活的全面参与，教育者和被教育者角色统一。玩的目的是学，有趣地学，巧妙地学，聪明地学。

童玩，倡导保护儿童的好奇心，不断激发兴趣，鼓励尝试，逐步让儿童沉浸其中，乐此不疲，颐养性情，是一种学习的理想状态。童玩课程分为"童年游戏""老游戏""缤纷体适能""童心球韵"四个微课程板块。

### 童玩课程之"童年游戏"微课程简介

游戏，在儿童的成长过程中发挥着重要的作用。为了更好地落实新课程理念，开展跨学科主题实践活动，三年级学生以百年校庆为契机，以"童年游戏"为主题，开展了"童年游戏·我来探""童年游戏·我来玩""童年游戏·我来创""童年游戏·我体验""童年游戏·我来辩"等主题探究活动（表2-5）。

表2-5  三年级"童年游戏"微课程设计

| 探究活动 | 引导问题 |
| --- | --- |
| 活动一：童年游戏·我来探<br>（1）童年游戏小调查<br>（2）童年游戏推荐卡<br>（3）童年游戏分享会 | 1. 我们的父辈儿时在校园玩过哪些游戏？<br>2. 我们能把父辈的童年游戏用图文并茂的形式介绍给大家吗？<br>3. 在探寻童年游戏过程中有哪些有趣的故事和大家分享？ |
| 活动二：童年游戏·我来玩<br>（1）展开沙包<br>（2）沙包的装饰与设计<br>（3）沙包的制作 | 1. 你是否清楚游戏（沙包）的规则、玩法？<br>2. 我们如何自己制作游戏道具（沙包）进行体验？<br>3. 在体验童年游戏后，你发现父辈的游戏好玩在哪里？ |
| 活动三：童年游戏·我来创<br>（1）设计新游戏<br>（2）试玩新游戏<br>（3）展评新游戏 | 1. 你准备设计哪种类型的游戏？<br>2. 新游戏怎么创造？你有什么好的灵感？<br>3. 新游戏是否合理？难易度、趣味性如何？ |
| 活动四：童年游戏·我体验<br>（1）设计主题海报<br>（2）选拔解说员<br>（3）游园体验 | 1. 童年游戏游园活动的开展需要考虑哪些问题？<br>2. 如何设计童年游戏游园活动海报？<br>3. 如何成为一名优秀的童年游戏解说员？ |
| 活动五：童年游戏·我来辩<br>（1）确定辩论主题<br>（2）选拔辩论员<br>（3）参加辩论活动 | 1. 网络游戏与童年游戏哪个更好玩？你的观点是什么？<br>2. 如何向别人讲述理由及摆出证据、事实等来说服对方接受自己的观点？<br>3. 如何做才能在辩论赛中脱颖而出？ |

童年游戏，带给我们的不仅是童年的快乐时光，还有健康的体魄和自律的品格力量。三年级"童年的游戏"跨学科主题实践课程，是学校课程改革和创新的尝试和缩影。

### 童玩课程之"老游戏" 微课程简介

现在的学生生活在网络时代，电子游戏占据了他们的童年，然而长期玩电子游戏不仅占用了学生户外运动的时间，还有损视力，不利于身心发展。为了进一步落实"双减"政策，实践"五育融合"，积极挖掘学校活动资源，丰富学生文化生活，增强学生的团体意识、合作精神和集体荣誉感，本课程结合学生年龄发展特点、游戏安全性评估和趣味性等多个维度，开发"老游戏"这一特色课程，希望学生通过课堂学习，会玩老游戏，感受老游戏带来的欢乐。

### 翻花绳

绳，作为日常生活中的常用工具，种类繁多、用途广泛。二年级（1）班的学生在笔者的带领下，了解了翻花绳经典游戏的起源、产生背景、玩法等知识。他们不仅对翻花绳游戏产生了浓厚的兴趣，还学会了简单的探索缠绕和合作翻花绳，受益良多。

### 跳皮筋

"小皮球，香蕉梨，马兰开花二十一，二八二五六，二八二五七，二八二九三十一……"还记得当年跳皮筋的童谣吗？跳皮筋不仅能有效锻炼学生的腿部力量，还可以提高其动作的协调性与灵敏度。二年级（1）班的学生在笔者的指导下，有计划地开展了练习和比赛活动，不仅增强了自身素质，还增强了竞争意识和团队精神。

### 滚铁环

一根铁棒和一个铁圈怎么玩？笔者带领二年级（1）班的学生开展滚铁环的老游戏课程。这个游戏看起来很简单，但特别考验学生推铁环的平衡能力，在游戏的快乐中提升了学生的平衡能力、反应能力、奔跑能力、灵敏度等，增强了学生的体质。

老游戏是中华传统文化的重要组成部分，蕴含着教育智慧，是宝贵的教育资源。各式各样老游戏校本课程的开展，不仅提高了阳光体育活动的效果，调动了学生运动的积极性，更表现了一种精神的传递、一种文化的传承。

"学校应如同一片森林,学生应犹如猴子一般在其间自由跳跃,任意摘吃各种营养丰富的坚果",林语堂先生的话给我们以深刻的启示。抓好学校校本课程建构,以此为支点,释放潜能,启迪智慧,创设一片葳蕤"森林",推动学校的整体发展,是我们应该追求的目标。"童玩课程"让儿童站在学校中央,寓学于乐,以玩促学,润泽童心,玩中养智,必将开拓出一片课程的新天地。

"童玩课程"的开发,给笔者工作室的青年教师们带来了启发。在开发教师个性课程的过程中,教师们遵循灵动体育课程的理念,根据自己学校的实际及自身的专长等,积极探索尝试,提升课程质量。

### 青年教师的"灵动足球"梦

高传国、顾鹏两位青年教师是正仪中心小学校足球队的助理教练,他们合作开发了"灵动足球"特色课程。该课程确立了"动起来,让足球光芒洒向每个孩子"的课程理念,通过构建实施"灵动"足球"三阶"课程体系,实现了让孩子们"动起来,让身心健康;动起来,让品格健全;动起来,让生命绽放"的课程目标。

### 灵动足球三阶课程

1. "一阶"基础课程

在体育课堂上通过足球基础课程学习,使学生了解足球比赛规则,掌握足球的基本知识和技能。在大课间练习中让学生了解足球运动的基础知识,理解足球运动文化,掌握基本的足球运动技能。

2. "二阶"拓展课程

在校园足球班级联赛、足球融学科创作等丰富的活动课程中,让学生产生浓厚的足球运动兴趣,进一步感受和理解足球文化,培养团结协作的团队意识,形成积极向上的品质,等等。

3. "三阶"提升课程

在校队训练、比赛中提高足球运动技能水平,培养学生足球运动特长,培养学生终身运动的兴趣和习惯,增强学生的身体素质,为学生的幸福生活奠定坚实的基础。

## "指尖上的舞蹈"

手势舞以出、勾、弹、打、绕手指为基本内容,伴有游戏化动作,手指根据不同的方法变化交错,不仅能锻炼学生手、眼、脑的协调和配合能力,还能锻炼大脑的思维,促进学生身心健康发展。手势舞活动系列是集德育、智育、体育、美育、心理教育于一体的综合性学习课程,体现了"灵动体育,融润童年"思想。笔者团队的王洁老师利用自身爱好现代舞的优势,结合小学生身心发展特点,设计"手势舞"系列课程。

王老师在二年级开设有趣的班级特色课程——"手势舞"之"指尖上的舞蹈"。课程主题有"美景如诗""爱国你我""感恩世界""青春追梦"等。此课程一经推出,便深受广大学生的喜爱。爱国主义教育是一项长期的教育任务,班级特色课程"指尖上的舞蹈"之"爱国你我"的主题让学生了解祖国的历史和现状,树立民族自尊心和自信心,培养为祖国、为人民勇于奉献的精神,激发学生从小为中华之崛起而努力学习的决心,为中华民族伟大复兴而奋发图强。在课堂上,同学们热情满满、聚精会神,他们先从简单的手势开始学起,慢慢地配合不同的节奏舞动。一个个轻捷的手指在空中划过,留下了美好的瞬间。学生们每天都盼着星期五的班级特色课,平时抽出碎片的时间来练习手势舞,这是他们休闲和放松的时光,更是他们最喜欢的事情。手势舞不仅考验个人肢体的协调能力,更考验同学们的凝聚力。王洁老师还以"手之言爱,心之语国"为主题,先后组织学生学习了"我是中国娃""白月光与朱砂痣学生版""少年中国说"三个手势舞为祖国喝彩,表达对祖国的热爱,展现现代小学生昂扬向上、快乐阳光、追求卓越的精神风貌。

### 3. 学生创新课程

学生创新课程,就是学生在原有知识和生活经验的基础上,根据自己的爱好倾向、兴趣特长开展学习或者研究的课程。学生课程,指向的是学习主体,它具有鲜明的个性化的特点。我们也可以说,一个学生就是一门独特的课程,因为每一个个体都是独特的,都是不一样的。另外,学习一定是个体的自我活动、自我需求;离开了自我的追求、经历和体验,就谈不上是真正意义上的学习。

学生创新课程,是对学生主体的高度尊重,倡导学生个性化,让学生根据自己的兴趣爱好、个性特长、价值取向，去建构自己独特的课程体系。下面是由正仪中心小学校啦啦操队学生自创的体育特色微课程。

### 孩子们自己的"灵动桌舞"课程

课桌，是孩子们最亲密的伙伴，承载着对知识的追求，见证着难忘的学习时光。课桌舞，是一种富有创意的舞蹈形式，是一场儿童与课桌的精彩互动！

我们学校啦啦操队有一群可爱的小姑娘，她们在老师的支持下开发了一个属于自己的桌舞课程。

孩子们在网上查找相关资源，请教啦啦操老师、音乐老师，每天一有空就聚集在一起研究。经过2个月的努力，孩子们创造出了属于他们自己的"灵动桌舞"1.0版课程。"灵动桌舞"以课桌为阵地，集舞蹈与运动于一体，与韵律操相结合，动感十足，在短短的一两分钟里，有效活动头、肩、颈、背、腰等部位，展现孩子们意气风发的精神面貌，调节情绪、活跃身心。这个是孩子们自己创造的课程，在高年级试行，深受孩子们的喜欢。后来，学校音乐老师提出建议，加上配乐可以让课程更灵动。于是，在音乐老师的指导下，孩子们对"桌舞"的选曲进行改良。新的"灵动桌舞"2.0版曲目有《你笑起来真好看》《天天向上》《少年》。她们还将《锄禾》《春晓》《三字经》等家喻户晓的经典古诗与手势舞相结合，在潜移默化中传承中华优秀传统文化。

目前，我们学校所有班级的课桌舞集教育性、锻炼性、传统性和趣味性于一体，形成"一班多舞，一班一特色"，不仅丰富了孩子们的课余生活，更让孩子们用自己喜欢的方式励志健体，释放天性，愉悦身心。动听的音乐、爽朗的童音、清脆的拍桌声成了学校课间活动最吸引人的声音。

## 第三节　课程实施

灵动体育课程教学是教师广泛运用各种资源，选择有效教学内容，采用多样化教学方法，指导学生在面对问题、解决问题的真实情境中形成核心素养的实践活动。教师应依据核心素养的内容、课程总目标与水平目标、课程内容，创造性地设计教学和实施课程。

## 一、编制课程实施计划，有效培育学生的核心素养

灵动体育课程要培养的核心素养是学生通过较长时间的学习，在知识内化、行为养成、品德修为基础上逐渐形成的，是学生在灵动体育课程活动和情境中体验、探索、感悟和解决问题的结果。学校在编制各类课程计划时，应根据不同水平学生的实际，制定明确的灵动体育课程学习目标，整体设计国家课程、校本课程的内容。在教学中，不仅要关注体育与健康知识和技能的学习，还要关注灵动体育课程的育人成效。课程实施计划的关注重心应从知识与技能的传授转向核心素养的培育，将核心素养的培育贯穿各层次的课程目标、课程内容、课程组织、课程评价的设计中。

## 二、合理制定课程目标和选编课程内容，增强教学的针对性和有效性

教师在制定课程目标和选编课程内容时，既要关注学生体能发展与运动技能学练的效果，也要关注学生在灵动体育课程学习过程中表现出的态度和价值观。首先，要基于核心素养制定明确的课程目标，并注重课程目标的可观察性与表现性。其次，要针对课程目标和学生特点合理选编课程内容。其一，教师应根据课程目标，从有利于促进学生核心素养形成和发展的角度，认真分析、选择和设计课程内容。其二，课程内容的选择和设计要充分考虑学生的生长发育特点、体质状况、运动基础、兴趣和需求等，保证课程的基础性、多样性和系统性，引导学生在体验不同运动项目魅力的基础上掌握专项运动技能。其三，课程内容的选择和设计应充分考虑当地的气候特点、场地设施、安全环境、民族传统文化等情况，灵活实施灵动体育课程教学。

## 三、因地制宜，优化创新

我国幅员辽阔，地域差异较大，即使是同一地区，各学校的情况也不尽相同，因此需要因地制宜地进行课程开发。课程开发包括课程方案目标的确定、课程方案内容的选择、课程的开发途径。在灵动体育课程的实施过程中，我们努力追求方案的一校多品、一生一长；在课程内容的选择中，灵动体育课程充分挖掘利于在本地进行情境创设的运动项目，比如在校园进行定向运动等；灵动体育课程的开发途径主要是结合学校实际创设新兴

课程，比如开设体感游戏课程等。

课程资源的开发与利用是灵动体育课程实施的重要组成部分，缺乏课程资源支持的灵动体育课程实施必然会受到较大程度的限制和阻碍。面对各地区和学校资源相对不均衡的现象，灵动体育课程资源的开发应积极回应新时代提出的新要求，优化创新整合课程资源。下面介绍两所灵动体育联盟校因地制宜、优化创新进行课程实施的做法。

### "621"灵动体育校本课程的实施

以灵动体育联盟校——海宁市紫薇小学为例。该校曾获得全国体育工作示范校、浙江省体育传统校等荣誉。近年来，学校把"培养幸福的人"作为办学目标，积极打造"新优质学校"。在徐新华副校长的带领下，该校在原有基础之上，创新形式，进行"621"灵动体育校本课程架构与实践研究，即小学6年每年学通1项体育项目，小学毕业学会2种球类运动，学精1项体育特长项目，全面提升学生终身体育能力，达到课程育人的目的。在课程实施方面，他们主要做好以下几个方面。

一、"台阶式"推进"621"课程实施

学校通过俱乐部实施、兴趣化导向、专业化合作三种方式推进"621"课程的实施。

二、"数字化"支持"621"课程管理

实现学校课程的"数字化"智慧管理，为学生提供全面的体育信息资源查询服务，帮助教师更好地进行体育教学管理，让学生更方便地利用现有的体育资源。

三、"四保障"护航"621"课程运行

学校实施环境保障、师资保障、经费保障、时空保障护航"621"课程运行。

### 创新课程实施途径，精心开展课程建设与开发

以灵动体育联盟校——昆山市信义小学为例，该校建校几年来，一直参与灵动体育的实践。该校创新体育课程实施途径，精心开展体育课程建设。

一、校本课程新起航

1. 篮球小将：培养集体荣誉感

利用篮球项目打造本校小学生锻炼新模式，为每一名学生的幸福人生奠基，同时加强团队精神的凝聚，培养集体荣誉感及团队协作能力。在确保国家课程有效实施的前提下，对本学科内部重复、交叉的内容进行整合，深化本校体育制度，坚持健康第一，把篮球作为立德树人的载体，积极推进素质教育建设，促进学生全面发展；并在此基础上拓展有利于学生幸福成长的校本化学习内容。例如，实施有效的校本课程开发，将篮球课程列入课程表中，每周保证至少一节高质量篮球课程，打造本校学生的"篮球专属时间"，体育教师负责对学生进行篮球知识传授及动作要领指导教学，同时分组训练，让学生做到全员参与篮球训练。

2. 田径小飞人：磨炼坚韧意志

田径作为"运动之母"，既是其他体育运动的项目基础，也是锻炼学生坚韧意志的体育项目。经过对体育课程中田径课程的调研，再根据调研结果进行校本课程开发，相应加入游戏，实现寓教于乐的教学目标，有力打造魅力田径课堂，摒弃传统的体育教育方式，全力改变教师"填鸭式"教学，发掘田径教学的新模式，营造出相对轻松的课堂环境。在实施过程中，学校除了成立田径队，还保证其他学生也能每周进行两次田径训练，从而在小学生心中种下田径运动的种子，让其慢慢生根和发芽。

3. 啦啦操："啦"动少年活力

啦啦操可以增强学生的身体素质，是素质教育中体育与美育的完美结合。啦啦操使得小学体育教学内容逐渐丰富起来，进而有效地实现了课堂内外一体化的教学模式。学校成立啦啦操社团，有专人负责，每天一练。

4. "绳"采飞扬：舞出多彩童年

跳绳运动除了对身体有好处，还能帮助学生在锻炼中培养团队协作能力和磨炼意志。人人一根绳，每天进行30分钟的跳绳练习，班主任组织学生进行跳长绳练习。每天布置跳绳打卡作业，每周评选跳绳之星。

二、竞赛机制多元化

1. 智善至能：丰富校园篮球联赛

开展科学训练，完善竞赛机制。一方面，学校制订系统、科学的训练计划，每年定期组织开展校园篮球班级联赛，同时积极参与市级、区级等各级别校园篮球联赛。另一方面，学校组建校园篮球队，鼓励有潜力的学员参与更高级别的篮球训练、培训及比赛,并积极向各级各类篮球队输送人才,为学生不断提升篮球技能及运动能力创造条件。为"篮球进校园,篮球进课堂"提供师资保障,学校还定期开展体育教师教学研究,持续提升体育教师个人教学能力。

2. 大放异彩:开展田径运动会

秉承着"我运动,我健康,我幸福"的体育精神,学校每年开展两次田径运动会,团体赛和个人赛交替进行,使得班级团队及学生个人都能够在运动会上大放异彩。为做到人人参与、人人体验,学校开展了各种充满趣味的运动单项和集体项目,展现学校学生突出的运动能力,发扬团结协作和吃苦耐劳的精神,塑造学生健全的人格,培养学生热爱运动的良好品质。

3. 青春无限:展示啦啦操

啦啦操在每年学校举办的运动会上占据至关重要的位置,现已成为宣传学校体育文化的重头戏。一般在运动会开幕式中,大部分都以啦啦操表演形式为主。通过啦啦操不同的节奏变化诠释不同的开幕式主题含义,还能在极大程度上渲染开幕式的现场气氛。此外,啦啦操也会出现在校园篮球联赛的中场休息中,为各参赛队鼓舞士气,从而活跃比赛气氛。

4. 花样年华:组织跳绳运动会

学校成立了"花式跳绳队",进行专业性的跳绳训练。"花式跳绳队"的队员均经过精心挑选,在全校范围内选拔喜爱跳绳且能吃苦、肯拼搏的学生。学校还开展跳绳运动会,有"团队跳绳""竞技跳绳""花样跳绳"多种比赛形式,旨在让学生通过参与跳绳比赛来享受跳绳的快乐,同时感受掌握体育技能带来的快乐。

## 第四节　课程评价

课程评价就是对课程各个部分及整体进行的各种形式的价值判断。换言之,课程评价是针对学校课程或者课程的某一环节,就其设计、实施和结果等方面,运用系统化的方法搜集、分析和解释相关资料,进而对其内在价值和外显效果进行价值研判并做出决定的过程。

## 一、灵动体育课程的评价原则

1. 科学性原则

对课程的评价要运用科学的评价方法，增强评价的效果，提升评价的可信度。

2. 可操作性原则

评价方法要简单可行，可操作性强。

3. 素质培养的原则

对课程的评价要注重考查学生各方面的素质，关注学生的创新意识和创新能力。

4. 参与性原则

对学生的评价注重课程的参与情况，将参与性作为学生考核的一个重要指标。

5. 全面性原则

对教师的评价既要考虑到教师课程目标的实施情况和学生能力的提高情况，又要考虑到教材的编写质量。

## 二、灵动体育课程的评价策略

灵动体育课程的评价，对教学工作起着重要的导向和质量监控作用。要充分发挥这一作用，必须树立新的理念，转变评价的功能。从过去以传授知识为主的课程评价，转向对人的发展评价，让评价为学生的发展服务，而不是让学生的发展为评价服务。进行灵动体育课程的评价就是要考查学生的认知水平、实践能力、创新意识和心理品质等方面的整体发展。为此，必须采取多元化、综合性的评价策略。

1. 评价的多元化

灵动体育课程评价的多元化，既指评价主体的多元化，又指评价指标的多元化。评价主体的多元化，就是改变过去以管理者为主的单一评价主体的状况，实现课程评价的民主化。将评价作为由教师、学生、学校管理者及学生家长共同参与的分析与评估的过程，从而促进教师、学生、学校管理者主动参与、自我反思、自我教育，主动接纳和认同评价结果，自觉改进工作和学习过程中的行为，实现自我发展。

评价指标的多元化，是指从对学生学业成绩的单一评价，转向对学生多方面素质的综合评价。也就是说，要评价学生发展的方方面面，而不是某一方面。从学生的学习态度到学习水平，从创新能力到实践能力，从知识观、技能观到价值观、人生观等，还要考查不同学生在不同方面的不同发展，承认和尊重学生发展的差异性和独特性，促进他们灵性地发展。

2. 评价的多样化

评价方法的多样化，是指在进行灵动体育课程评价时，从过分强调量化评价逐步转向将量化评价和质性评价结合起来。学生的发展是生动、活泼、富有个性的，单纯以量化的评价描述人的发展，是简单而肤浅、呆板而僵化的。这就要求我们更加关注质性评价，全面、真实、深入地描述和评价对象发展的特点。因此，灵动体育课程的评价应该采取多样化的方法，尤其是对学生的评价，要采取不同的方法。既要有行为观察，又要有成长记录；既要有表层的作业，又要有深层的学习日记。使定性评价与定量评价相结合，更清晰、更准确地反映教师和学生的发展情况，为灵动体育课程开发和管理工作的改进提供可借鉴的科学依据。

3. 评价的综合化

评价的综合化有两层含义：一是评价灵动体育课程要充分考虑学生、教师、学校和课程诸方面的综合因素，多方面采集和收集信息，进行分析和综合，总结经验，找出差距，提出丰富、补充课程的方案。二是将形成性评价和终结性评价结合起来，用综合分析的方法对灵动体育课程的开发与实施进行评估。特别要重视发展过程的形成性评价，为终结性评价奠定基础、提供依据，使终结性评价具有客观性和说服力，进而提出改进工作的思路和计划，作为下一阶段教学活动的起点。这样一个循环往复的过程，既是灵动体育课程开发与实施不断完善的过程，也是课程评价改革不断深化和发展的过程。

### 三、灵动体育课程评价的操作

（一）对灵动体育课程实施的评价

对灵动体育课程实施的评价见表2-6。

表 2-6　灵动体育课程评价表

| 评价内容 | 评价要素 | 评价要点 | 权重/分 | 得分/分 |
|---|---|---|---|---|
| 课程方案评价（20%） | 课程目的和意义 | 与国家课程、地方课程联系密切，是对国家课程的拓展与补充 | 2 | |
| | | 彰显学校特色，有利于提高学生学科核心素养 | 3 | |
| | 课程目标 | 知识目标、能力目标和情感目标明确、清晰 | 3 | |
| | | 考虑到学力分层的因素，贯彻因材施教的原则 | 2 | |
| | 课程内容 | 内容系统、科学，层次分明，教材框架清晰 | 3 | |
| | | 教材内容科学、启发性强，突出实践能力的培养 | 2 | |
| | 课程评价 | 评价可操作性强、方法科学、具有激励性和制约作用 | 5 | |
| 教学过程评价（30%） | 指导思想 | 体现教为主导、学为主体、疑为主轴、动（练）为主线的教学原则 | 2 | |
| | | 课程实施中注重德育渗透和情感熏陶，注重育人目标的达成 | 3 | |
| | 教学过程 | 学期初制订教学计划，安排好教学进度 | 4 | |
| | | 深入钻研教材，根据学生的实际，设计内容开放、容量适量、层次分明、有针对性的教案 | 5 | |
| | | 灵活运用多种教学方法进行教学，重点和难点的处理有新意，且效果好 | 4 | |
| | | 课堂语言流畅、规范，具有生动性和启发性；思维清晰，有强度，有梯度 | 4 | |
| | | 面向全体学生，因材施教，学生情绪高涨；课堂无死角，无"闲"人，整体效果好 | 4 | |
| | | 现代化教育技术运用娴熟，设计内容及呈现手段具有不可替代性 | 4 | |
| 学习过程评价（35%） | 学习品质 | 掌握本课程基本知识、技能 | 4 | |
| | | 善于与同伴合作与交流 | 4 | |
| | | 能积极克服困难，表现勇敢 | 4 | |

续表

| 评价内容 | 评价要素 | 评价要点 | 权重/分 | 得分/分 |
|---|---|---|---|---|
| 学习过程评价（35%） | 学习水平 | 学练方法与技巧 | 4 | |
| | | 参与比赛的能力 | 4 | |
| | | 拓展学习的能力 | 3 | |
| | 运动展示 | 运动技能展示正确 | 4 | |
| | | 运动技能展示流畅 | 4 | |
| | | 运动技能展示优美 | 4 | |
| 实施结果评价（15%） | 实施成果 | 学生能激发并维持对课程的兴趣，反馈良好 | 5 | |
| | | 学生能及时收集、整理课程学习的过程性资料 | 5 | |
| | | 学生能以恰当的形式在课堂内外进行展示 | 5 | |
| 说明 | 等级分数 | 优秀：90 分及以上；良好：80—89 分；合格：60—79 分；不合格：60 分以下 | | |

### （二）对教师的评价

灵动体育课程实施过程中教师的教学，可以从八个方面进行评价（表2-7）。

表 2-7　灵动体育课程教师教学行为评价表

| 评价内容 | 评价要点 | 权重/分 | 得分/分 |
|---|---|---|---|
| 教学理念及其在教学设计中的体现 | 掌握本课程基本理念和教学模式，坚持全面发展的素质教育 | 5 | |
| | 体现学科核心素养和灵动体育的课程思想 | 5 | |
| | 教学设计严谨独特、结构合理，能体现相应的教育理念 | 5 | |
| 教学目标的制定与达成 | 确定适合学生特点与课程特点的教学目标，目标明确、具体、切实可行，符合学生实际 | 5 | |
| | 教学效果显著，能使学生对教学目标有深刻的领悟，较高程度地达成教学目标，确保每个学生受益 | 5 | |
| 教学内容设置的适切性 | 选择适宜的教学内容，符合学生实际需求，与教学目标一致 | 5 | |
| | 内容生动有趣，贴近学生生活，适合学生目前的水平，能为学生所理解和把握，有利于学习目标的达成 | 5 | |

续表

| 评价内容 | 评价要点 | 权重/分 | 得分/分 |
|---|---|---|---|
| 教学方法的多样性 | 教学方法与课程目标一致，服务于教学内容 | 5 | |
| | 教学形式灵活多样，体现以兴趣为导向和对学科核心素养的培育 | 5 | |
| | 选择合适的教学媒体，有效营造教学情境，调动学生的兴趣 | 5 | |
| 教学组织 | 教学程序与结构清晰合理、新颖有效 | 5 | |
| | 教学组织主次分明，进程紧凑、有序，各环节连接自然、流畅 | 5 | |
| | 沉着应对教学过程中出现的各种意外情形并妥善处理，体现教师的主导作用 | 5 | |
| 教学准备 | 备课充分，教学材料准备充分，教学场地选择恰当 | 5 | |
| | 教学环境的设置有利于师生互动和生生互动 | 5 | |
| 教师素养 | 专业知识广博，掌握本课程的背景知识，体现较高的专业素养与人格魅力，准确把握本课程的内容，思路清晰，点拨得法 | 5 | |
| | 仪表、教态、语言恰到好处，为人公正、宽容、有亲和力，能取得学生的信任，并有效激励学生 | 5 | |
| | 学生对知识和技能的理解、掌握较好 | 5 | |
| 教学反思 | 客观反思，分析具体、透彻，依据的理由充分，语言准确、清晰 | 5 | |
| | 从教学实施的反思中，提出课程整体或局部的修改意见，以便对课程进行重构与改进 | 5 | |
| 等级分数 | 优秀：90分及其以上；良好：80—89分；合格：60—79分；不合格：60分以下 | | |

## （三）对学生的评价

对学生课程学习的评价，主要包括以下六个方面：参与态度、学习情绪、课程体验、身体认知、运动负荷、目标达成（表2-8）。

表 2-8 灵动体育课程学生学习过程评价表

| 评价内容 | 评价要点 | 权重/分 | 得分/分 |
| --- | --- | --- | --- |
| 参与态度 | 全班学生是否都参与到"学、练、赛"活动中来 | 5 | |
| | 学生是被动参与还是积极主动参与 | 5 | |
| | 对有一定难度的技能学练，学生是否敢于尝试和模仿 | 5 | |
| | 学生参与运动的兴趣是否持久 | 5 | |
| 学习情绪 | 学生参与运动的情绪是否稳定 | 5 | |
| | 学生参加"学、练、赛"活动是否跃跃欲试 | 5 | |
| | 学生遇到问题和困难，能否自觉调整情绪 | 5 | |
| 课程体验 | 学生融入集体进行合作学练和竞赛的态度是否良好 | 5 | |
| | 是否形成师生互动、生生互动，既有合作又有竞争的局面 | 5 | |
| | 学生在游戏和比赛中能否遵守规则 | 5 | |
| 身体认知 | 学生的身体认知是否被激活 | 5 | |
| | 学生有无充分的时间来提高身体认知 | 5 | |
| | 学生能否将习得的运动技能和战术运用到比赛（展示）中 | 5 | |
| | 学生在竞争性游戏和比赛中，能否通过多种角色体验来提高身体认知水平 | 5 | |
| 运动负荷 | 学生是否适应课堂上的运动强度 | 5 | |
| | 学生能否在教师的指导下，自我调节运动负荷 | 5 | |
| 目标达成 | 学生运动能力的提高，健康行为的形成，体育品德的培育成效 | 5 | |
| | 学生是否及时进行反馈和调控 | 5 | |
| | 学生学习是否有效、有趣、有活力，是否在原有基础上有所进步 | 5 | |
| | 对学生的后续学习能力能否产生积极的影响 | 5 | |
| 等级分数 | 优秀：90 分及其以上；良好：80—89 分；合格：60—79 分；不合格：60 分以下 | | |

灵动体育课程重视学习评价的激励和反馈功能，注重构建评价内容多

维、评价方法多样、评价主体多元的评价体系，为教师有效教学、学生积极学习及学习评价指明方向。笔者与工作室的教师们积极探索多样化的课程评价，促进学生达成课程目标，发展核心素养。下面是我们在实践中的四个案例。

### "积分制"推进"灵动体育少年"综合评价

学校体育团队和德育团队合作，在灵动体育课程评价改革实践中，以"积分制"推进"灵动体育少年"综合评价为核心，通过评价体系迭代、五育并举、平台赋能、科研驱动推进四条路径，开展校本化实践。

一、体系迭代：构建"灵动体育少年"综合评价体系

我们在原有评价体系——"水墨"学生核心素养评价体系的基础上，构建了"灵动体育少年"综合评价体系（图2-3）。

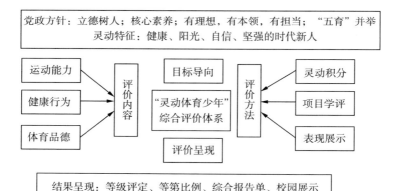

**图2-3　"灵动体育少年"综合评价体系**

二、五育并举："积分制"推进"灵动体育少年"校本化实践

对比传统以纸笔测试和以分数为依据的评价方式，综合评价校本化实践更注重"评价即学习"，轻"对学习的评价"，重"为学习的评价"。针对"五育"的不同特点，以"积分制"推进"灵动体育少年"综合评价为核心，通过争章、积分、分项评价等方式，进行积分汇总，最终评选出"灵动体育少年"。

1. 开展"灵动体育少年"评价,关注学生的全面发展

我们制定《"灵动体育少年"综合评价积分操作办法》。通过争章、积分、分项评价等方式,在学科表现、学业成绩、实践测评和校园各类活动中,引导学生德智体美劳全面发展,激发学生学习动力。

例如,每学期依据"智慧校园"评价系统的争章和积分情况,统计评选"灵动体育少年",举行颁奖仪式,并将其在校园荣誉墙展示,学生还可以通过"灵动超市"积分兑换相应的奖励,操作流程见图2-4。

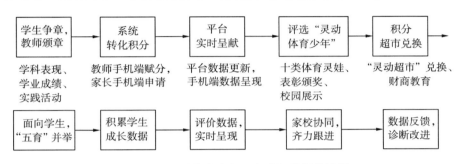

**图 2-4 "灵动体育少年"争章评价操作流程**

2. 实施学科分项评价,关注学生的学习水平

按照水平段,对本学期所学的项目开展分项评价。评价主要由任课教师负责完成,在学期末"综合评价报告单"中评定结果分A、B、C三个等级,并针对学生在学习过程中取得的进步等方面颁发"健体章"。"健体章"积分纳入学校"灵动体育少年"综合评价。

3. 丰富表现性实践评价,关注学生个性发展

体育组通过"体育节""学科周""项目周""项目学评""素养作业"等多种途径开展表现性评价。学生在表现性实践测评中,获取"灵动积分",将积分纳入"灵动体育少年"综合评价。

三、平台赋能:依托"智慧校园"研发评价工具

1. 评价工具优化迭代

"灵动体育少年"依托"智慧校园"数字平台记录,反馈学生的评价过程。从"灵娃成长手册""学生综合素养报告单"到数字平台,是一个纸质记录到数字呈现的迭代过程。

2. 数字平台赋能评价

借助钉钉智慧校园平台和麦芽多元评价App两个数字平台,对学生开

展综合评价和精准评价（图 2-5）。钉钉智慧校园学生评价系统通过评价一体机和手机应用，结合争章，实现评价及时呈现、成长数据积累、家校协同跟进、反馈诊断改进。麦芽多元评价 App 是根据精准评价需求，开展表现性评价的评价工具，其学评实施过程依次为主题学习、命题研究、建设资源、精准诊断、应用学评。在项目学评中，由学生当小考官，使用 iPad，对同伴进行表现性评价，并将测评结果纳入"灵动体育少年"积分体系。

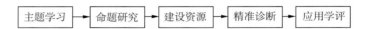

**图 2-5　钉钉智慧校园学生评价系统与麦芽多元评价 App 项目学评实施过程**

借助数字平台的习惯养成、课前导学、班级探究、活动广场、课后练习、智能检测及课堂使用互动授课光荣榜等功能，教师可以随时随地用手机端对学生的各项学习活动实施评价，提高评价效率，还可以结合教学需求灵活设置评价指标。

3. 数字评价工具衍生

"智慧校园"评价工具的使用，符合学生天性，使成长过程可见，借助数据诊断学生状况，同时也能使家长参与其中，实现家校协同参与评价。在原有评价工具和数字平台的使用中，未来还能进一步衍生新的评价工具，如学生发展指数雷达图、评价数据大脑、学生发展数字报告单……依托"智慧校园"衍生的数字评价工具，可以不断助力综合评价改革的推进。

四、科研驱动：形成"教师合力"的推进模式

综合评价改革工作的推进，教师是关键。综合评价实施的对象是学生，教师是实施评价的主体之一。为了让更多的教师投入综合评价改革，激发其科研活力，学校构建"科研驱动"教师合力推进模式，围绕综合评价，借助课题研究、论文案例撰写、教育叙事、教研汇报等形式，多途径推动教师参与综合评价，提炼科研成果。

### "立体式"课程评价

灵动体育联盟校——昆山高新区同心小学殷奕老师基于学生个性化成长的目标，与学校体育团队研究形成点、线、面"立体式"课程评价体系，有项目的自我强项考级"评"和校园名人荣誉"评"，有比赛、演出等主题

赛事展示"评",有学生自主对成长中的重要经历的关键事件榜样"评",还有依据学生弹性差异及接受体育教育起点的不同,进行成绩增长幅度、健康指标增长幅度的体育素养动态"评"。

### "等第制+评语"课程评价

灵动体育联盟校昆山第一中心小学陈霞、金虹艳两位老师与学校体育团队采用等第制和评语相结合的评价方式,对学生学业成绩、学习表现、学习动力等评价结果采用等第表达,并结合学生个体学习情况,从学习态度、学习习惯、知识理解、学习能力等方面选择若干要素进行评语描述,关注学科核心素养和综合素质评价,逐步提高评价的科学性。

### "过程数据+关键事件+榜样引领"课程评价

灵动体育联盟校——苏州高新区枫桥实验小学提倡通过鼓励性评价促进个性成长,充分培养学生的运动兴趣和爱好。他们在学生运动的过程中,利用智能手环对心率、卡路里、步数、体温等进行有效传感,实现体育课及学生日常锻炼的实时数据收集,跟踪诊断分析,出具健康发展报告,给出个性化锻炼建议。智能手环1.0版本主要收集学生的锻炼时间、班级、姓名、学号、步数、里程、卡路里、体温、心率等数据,同时兼顾学生进出校安全管理、校园刷卡借阅、运动及健康管理等。智能手环2.0版本迭代升级,可以进行实时监控、课堂监测,还能对智慧操场进行数据接收,分析智慧操场建设的价值。实时监控全天候数据采集,不仅可以督促学生每天锻炼1小时,还可以进行体育活动安全预警。智能手环的运用,促进校内外、课内外、家校直接形成合力,精准分析个人甚至班级、年级的数据,从横向、纵向进行比较,给出学生等级和得分评价,最终促进学生的个性化发展。

灵动体育课程遵循以学生为中心的课程观,以国家课程架构为基础,以培养善良的品格、健壮的体魄、敏慧的思维、雅趣的技艺为重点,以改善学习方式、重塑学生在课程中的核心价值为特征,建设让学生持续喜欢、促进自身和谐发展、充满挑战的体育课程体系,为每个学生健康而灵性发展助力。

在灵动体育课程的实施过程中，笔者团队也在深度思考：课程应具有价值，以灵动体育主题引领；课程应有周期性，形成长效的循环机制；课程应有挑战性，激发学生的热情，自主学习；课程应有融合性，整合课内外各项要素。

# 第三章 灵动体育教学实践

课堂是教育教学理论的实践场所，是师生教学互动的交流场，也是学生灵性发展的训练场，更是培育学科核心素养的主阵地。从有效课堂、高效课堂到灵动课堂，唯有高质量的课堂才有高质量的教育。

新课程改革以来，课堂教学受到了广大专家和一线教师更多的关注，构建体现先进教育思想理念的、开放兼容的课堂教学模式，全面提升学生学科核心素养，逐渐成为全国教育界的共识。近年来，试行灵动教学成为课程改革的新热点，孙双金、薛法根、张齐华等特级教师围绕"鲜活的理念、诗意的课堂、灵动的对话""灵动课堂的特征""灵动课堂的打造"等话题，对灵动课堂教学实践进行了多层次、多角度的探讨。对于灵动教学的研究有了很多的视角：有的着眼于提高课堂教学的有效性，有的落脚在课堂激趣上。有的突出现代媒体在灵动教学中的作用，有的从课堂巩固练习安排的层次性、递进性来谈灵动课堂的打造，有的从学生自主精神培养的角度出发谈对灵动教学的理解，还有的从课堂评价的角度出发谈灵动课堂。虽然对灵动课堂教学实践的研究有了新的进展，但还没有形成系统的研究灵动教学的先例，还没有归纳出灵动课堂的共性与个性特征，多是对教师在课堂中实行灵动教学方法的介绍，对学生灵动学习的介绍较少。

当前，体育课堂存在蜻蜓点水、低级重复、浅尝辄止、半途而废的现象，小学、初中、高中各学段缺乏衔接与连贯性，学生"学不懂""学不乐""学不会""学不热"等问题一直未得到很好的解决。对这些现象与问题，《课程标准》等指导性文件起到一定的理论指导和方向引领作用。然而，体育课程改革无论是从总体上推行一体化，还是具体落实新课程标准，都需要适宜的课堂作为范例发挥引领和导向作用。

面对充满灵性的学生，构建灵动体育课堂，是新课程改革的目标所在。关注学生身心健康，赋予教育更多的意义和价值，让课堂培育学生的灵性，完善学生的个性，启迪学生的智慧，使学生的灵动与教师的灵动同构共生，已成为当前中小学体育课程改革的必然要求。

灵动体育课堂建构的初衷，是使体育更好地为学生健康而灵性发展奠基，让学生感悟体育的魅力，享受运动的乐趣，增强体质，塑造健全的人格，锤炼坚强的意志，为高质量发展体育教育提供基本保障。

## 第一节 内涵特征

### 一、灵动体育课堂的内涵

从表层来看，灵动课堂就是灵活机敏的课堂。余文森教授提出，灵动课堂是有思想、有智慧、有文化，符合新课程理念的课堂。著名特级教师于永正认为，灵动课堂是有情趣、有灵气、有效，让每个孩子都充满希望和梦想的课堂。

一般认为，灵动课堂是在新课程理念指导下，着眼于学生的发展，以师生活动为载体，实现课堂的自主化、生活化、情感化，培养学生包括思维力、创造力在内的综合能力，培育学生的灵性，完善学生的个性，启迪学生的智慧，使学生的灵动与教师的灵动同构共生的课堂。灵动课堂不是狭义的灵气课堂、活动课堂，而是一种激情与智慧相伴、素养相随、充满活力和创造力的课堂。

将灵动之义引入体育与健康课程教学。灵动体育课堂是指以"健康第一"为理念，以身体练习为主要手段，以"学、练、赛、评"一体化为基本方式，顺应学生天性，打造灵活、生动的课堂，塑造灵气悦动的学生，让体育与健康课堂真正触动学生的灵魂，促进学生身心健康、灵性发展的教学活动。这既是建构灵动体育课堂的基本要求，也是培养有灵性、有灵气的创新型人才的重要途径。灵动体育课堂重点聚焦"教会""勤练""常赛"，通过课堂教学实施"学、练、赛、评"一体化，带动学生的全面发展。这种一体化的初心和学科核心素养的内涵一脉相承，都指向人的发展，即超越知识与技能，聚焦关键能力和必备品格。

1. 灵动体育课堂是回归本性的课堂

灵动体育课堂顺应学生的天性，激发学生的灵性，增长学生的智慧，它是教学的返璞归真。灵动体育课堂基于学生，为了学生，真正以学生的发展为出发点和最终归宿。为了让教学回归到"人"，灵动体育课堂要求教师遵循教学活动的客观规律，在教学中用相对较少的时间和精力投入，去获取尽可能好的教学效果，实现知识与技能传授的最优化，从而实现特定的教学目标，满足教育需求。

2. 灵动体育课堂是体现开放的课堂

灵动体育课堂给学生开放、自由的空间，让学生自主选择、独立思考、主动探索。在体育与健康课程教学中，要让学生学会发现问题、分析问题并解决问题。《课程标准》注重促使教师和学生能够与课程设计的内容与问题情境产生一定的共鸣，能够与自己的生活经验和真实的内在体验、感受进行对话，这样的对话增强了灵动体育课堂的开放性，要求对课堂生成部分进行恰当的承接、整合、转化，既能让学生发挥自身的主动性，又能自由表达、自由行动，进而发挥自身的灵性、体会到成功的快乐。因此，体育教师要尊重学生的个人感受和独特的见解，让学生充分彰显个性，表达自己的观点，使学习过程成为从课堂之内向课堂之外延伸的过程。

3. 灵动体育课堂是有效互动的课堂

有效互动的课堂才是灵动体育课堂。灵动体育课堂既关注教师在教学中的主导作用，又关注学生的主体地位，着力建构真实的、有效的互动课堂运行体系，以激发学生的求知欲，激发学生在课堂上的活力。课堂有效互动，师生之间才会相互尊重与理解，学生不必小心翼翼地"揣摩"教师的想法，教师也不会将自己的观点强行灌输给学生；课堂有效互动，教师才不会将目光仅仅局限于知识和技能的传授上，而是更多地关注学生作为独立个体的存在。因而，灵动体育课堂教学重视人际之间的双向互动和共同成长，提倡合作学习、探究学习、体验学习、对话学习，推动学习方式的转变。

4. 灵动体育课堂是促进创新的课堂

灵动体育课堂是思维创新的课堂。它把传统教学的课堂变为学生创新的课堂，构建鲜活、动态、富有灵性的思维场，能有效地激发学生的思考欲望，有力地促进学生的思维活动，提高学生的创新力。课程与教学资源的处理、问题的设计、提问的时机等，都是展示创新的时机。在课堂上，体育教师要给学生搭建展示自我的平台，创设各种情境，为学生提供自主学习和相互交流的机会，鼓励学生多思善问。对于学生提出的问题，教师要立足实际，提炼出有价值的问题，然后引导学生带着新问题合作探究，寻找解决问题的途径。

5. 灵动体育课堂是焕发活力的课堂

灵动体育课堂是有智慧、有生命力的课堂。基于学生、教师、学校和地区实际，灵动体育课堂因人而异、因地制宜，创造性地处理教学内容，开发、利用课程与教学资源，努力体现课程的严肃性与教学的活泼性的有机统一、教学内容的相对稳定与社会生活的发展变化的有机统一、教育功能的发挥与学生成长的有效衔接。当前，课程与教学资源呈丰富化、多样化的趋势，伴随教学过程的展开可能生成新的教学资源，捕捉信息再生成新的教学过程，让学生焕发活力，从而使课堂充满智慧的灵动和生命的气息。

## 二、灵动体育课堂的特征

灵动体育课堂以"灵动"为主要标志和目标要求。灵动体育课堂围绕教学的"活、动、真、趣"等本质特征来展开并得到具体的体现。

### （一）活

首先，"活"的本意是活力，是一种状态的显现。"活"是灵动体育课堂区别于其他体育课堂最本质的特征。求"活"，不是追求课堂表面的热闹、活动形式的翻新，而是追求学生思维活跃、体验加深，更好地落实教学目标，提高效率。灵动体育课堂的"活"主要体现在教学理念的"活"、学习目标的"活"、学习内容的"活"、教学过程的"活"、组织形式的"活"、教学方法的"活"、思维方式的"活"及评价方式的"活"等方面，让学生感悟灵动体育课堂的魅力。结合新课标一体化理念，这里的"活"重点聚焦在"学、练、用"三个方面。

1. 活学

《课程标准》强调促进学生主动学。"学"是指学生在教师讲解示范或引领下进行的体育运动技术的学习，是学生实现从无到有、从生疏到熟练、从不会到会的基本路径。"学"是学生掌握技能、获得知识的一个内化和提高的过程。"学"对应的是理解，学的效果取决于教师的教学能力，也受学生领悟能力的影响。作为体育教师，每节课都在向学生传授自己的知识与技能。如何让学生学到这些知识与技能就成为教学任务的重中之重,所以,"活学"是前提,"谁在学、学什么、如何学"是教师要最先关注的。在灵动体育课堂中,已知是学生在学,学的是体育运动知识、技能和方法,"学什么"不是停留在学生对单一体育技能或知识表面的理解,而是以"练、赛、评"三个环节为导向,更有目的性地在实践中运用知识、技能和方法。剩下的就是"如何学"。灵动体育要求教师根据学生的情况和动作技术的不同而选择不同的方式让学生进行学习,并鼓励将学生习得的知识或技能迁移至日常的学习和生活中,达到从"学会"到"会学"再到"活学"的目的。这里介绍以下三种"活学"的方式。

(1) 问题导向学。所谓问题导向学,是指设置一些问题来引导学生进行尝试体验,并在实践中总结出与这个技术相关的重点。在三年级《篮球:行进间运球及组合动作》一课中,先设置问题(如:直线行进运球时,手触碰球的哪个部位才能让球往前走?球落地的点在哪里?),让学生带着问题实践及总结,引导出直线行进运球手触碰球的后上方,球落地的点在侧前方。通过体验得出的结果能让学生印象更深刻,为后面变向训练打好基础。

(2) 情境引入学。所谓情境引入学,是指在情境中引入学习任务,引导学生在其间探究、实践、归纳、总结。在一年级移动性技能《手脚并用爬行及其运用》一课中,引入生活中的擦地板情境,练习本领:擦自己的房间、擦客厅、擦卫生间等。

(3) 游戏渗透学。安排游戏的目的不是为了娱乐,而是为了借助游戏促进学生学习。在四年级《各种方式的跳跃及组合练习》一课中,以游戏贯穿全课,设计小青蛙选拔赛、小青蛙练本领、小青蛙捉害虫、小青蛙挑战赛等。

灵动体育课堂强调学生的主体作用,教学过程逐渐从重"教"向重"学"转变,突出"学"是在教师主导下学生主体能动性的体现。灵动体育课堂让学生明白学什么、为什么学,并以问题等情境为导向,让学生带着自己的问题去学、去探索,让学生开开心心地主动参与课堂的学习。

2. 活练

《课程标准》强调促进学生主动练。"练"是指技能与体能训练,学生在教师的组织和引导下采用多种形式的有效练习,是学生对体育知识、技能内化和吸收的过程,达成掌握运动技能的目标。灵动体育强调"活练",

"活练"是从被动到主动的过程。练的成果是掌握。体育教师要帮助学生明白练什么，体育课要让学生练技能、技巧和体能，要促进学生主动参与。要做到"活练"包含以下两个方面的内容。

从数量上来看，"活练"要求练得多，要有一定量的保障。每一节体育课都要精心组织学生自练、互练、组练、群练。要求练习要科学、合理、安全、适宜、有趣并且要尊重差异，因材施教。通过不同形式的练习，保证学生拥有充足的练习时间和量。如在一年级移动性技能《多种走的方式练习与游戏》一课中，设计个人行走练习：前脚掌走，脚跟走，模仿动物走，模仿解放军走，等等；2人限制条件走游戏：头顶物品走、双手举高走；合作走练习游戏：五人手握木棍走；图形走练习游戏：小组走成圆形、三角形等。学生至少有30分钟的基本运动技能时间来体验多种走的方式练习与游戏。从运动负荷来看，本课群体密度达到75%，个体密度达到50%，具有一定量的保障。

从质量上来看，"活练"要求练得好，要有一定质的保障。灵动体育课堂要求练的动作要准确，有利于身体发展、技能掌握并减少损伤；练的强度要到位，有利于增强体质、锤炼意志；练的形式要多样，可以通过观察练、分层练、纠错练、展示练等方式，让学生产生兴趣，享受乐趣并坚持练习。如在一年级移动性技能《各种方式的跳及组合》一课中，学生通过自主学练，学习正确的跳跃动作。在练习中，教师提出每组跳10次、15次、20次等不同量的要求，确保练习的强度到位。学生在合作练习立定跳远中，互相观察、互相纠错；在小组合作跳上和跳下练习中突出分层教学；在全班进行的移动跳跃中加入技能的展示。

灵动体育课堂以身体练习为主要手段，学生参与体育课程的学习时，只有主动参与才会全身心投入，机体和思维同步参与并产生共鸣，学习才有效果。被动式的学习，学习效果可想而知。所以，要练得有质量，不仅特别强调练习前，还要认真设计练的内容、练的难易程度、练的方式和方法、练的时间强度、练的情境设置（场景布置、场地器材）、练的结果预期等，以实现练得有趣味、有层次、有节奏、有教育意义，而且要关注学生身体和学习基础，想办法调动学生的课堂学习兴趣，通过多种形式的练习，让学生在课堂中保持高涨的学习激情。

3. 活用

《课程标准》强调学会了一项技能，更要知道怎样在实战或者是生活中运用它。"用"是指能够在日常生活、体育比赛中或特殊情况下运用所学的运动技能。灵动体育课堂的"活用"并非一两节课就能实现,从"会用"到"活用",体现在课堂组织的教学比赛中、课外比赛活动中、生活实践活动中等。那么,如何做到"活用"呢?笔者认为主要做到以下两点。

(1)掌握用的时机,有效促学练。游戏或比赛往往被安排在主要教学内容结束后进行。其实,亦可在准备部分或学生们感觉运动疲劳的时候进行有趣味的游戏比赛。如在四年级《篮球:传接球及组合》一课中,教师在准备部分设计"耍猴"游戏;在课中进行一分钟原地传接球比赛;在课结束前进行全场抢传球比赛,将比赛贯穿课的始终。有效把握比赛的时机,有利于激发学生的学习兴趣,也能帮助学生掌握所练内容、技能。

(2)创新用的形式,方法即内容。比赛是一种学习方法,同时也是一种学习内容。学生要学习比赛的规则、比赛的形式等。在实际教学中教师可以采用多种比赛形式,如个人赛、小组赛、挑战赛、擂台赛等,让比赛更加有趣味;降低比赛难度,让比赛更加激烈;组合比赛内容,让比赛更富综合性。如在五年级《篮球:传切配合及运用》一课中,进行"3V3"教学比赛,规定以"传切配合"进攻可以获得双倍得分,这时候学练的技术就能得到有效的运用。

在灵动体育课堂中,学生的技能学习不是停留在表面上的会(如会做单个的技术),而是追求全面的会(会说、会做、会用、会拓展等)。所以教师需要深入分析教材,充分挖掘教材,领悟教材的健身育人价值。在课堂上,需要学生在学习过程中能说真话、真对抗、真比赛,在真实情境下进行原生态的学习,让真实情境下的学习产生真实的问题,然后师生共同研究并解决问题,以达到最真实的学习效果,提高学生运动认知和技战术的运用能力。

(二)动

"动"本意是"运动"或"活动"。聚焦在"动"上,体育课就有抓手。"动"是灵动体育课堂最本质的特性。灵动体育课堂上的"动",是受学习内容支配的学习活动。学习内容不同,学生参与运动的方式、时间、难度等都不同。学生在体育课上"动"的多少,有可能受教师教学设计的影响,也有可能受学生学习态度的影响,还有可能受学习条件的限制,"动"的多与少都是运动量的反映;"动"的好与坏,表现为学生"动"得是否正确、安全、有效,是"动"的质量的体现;"动"的部位不同,表现为有的"动"仅仅是身体参与运动,而有的"动"既有肢体的表达,也有大脑的参与,即在运动中主动思考、分析、判断等。灵动体育课堂的"动",不仅能让学生多运动,也能满足他们对运动的需求。

1. 互动

互动是激发学生学习热情和兴趣的重要方式,是提高体育教学效率和质量的重要手段,也是培养学生创新思维和综合素质的重要途径。灵动体育课堂既是生本互动、生生互动、师生互动的课堂,也是思维对话和智慧碰撞的课堂。灵动体育课堂注重互动教学,将教学的侧重点放在主题互动、问题互动、案例互动、思辨互动上,有效激发学生的学习兴趣、培养学生的学习主动性、满足学生的个性化需求,促进传统体育教学方式的转变和革新。灵动体育课堂有以下四种互动方式。

(1) 主题互动。教师对体育教学过程的主题进行深层次的提炼,然后围绕主题提出一系列的问题,并引导和激励学生对这些问题进行深入探讨。通过这种方式,加深学生对课程主题的认识,并且充分调动和激励学生的积极性和主动性。如在四年级《篮球:运球组合运用》一课中,围绕篮球这一主题进行互动,引导学生围绕篮球的运球及组合技术谈谈自己的认识,表达自己对篮球运动的理解和感悟,促进学习目标的达成。

(2) 问题互动。对教学过程中存在的一些实际问题进行探讨,解答问题,进一步开阔学生的视野,启发学生的思维,激发学生的兴趣。如在进行热身运动的时候,教师抛出问题:为什么大部分学生不喜欢热身运动或者不重视热身运动?引导学生积极思考,从而进行科学健身。

(3) 案例互动。借助现代教学手段,比如多媒体,通过让学生对个别案例中出现的问题进行深入分析,尝试找出解决方案,这种互动方式非常直观、生动,易于理解,可以最大限度地活跃气氛。如在讲授足球规则时,可以通过讲解马拉多纳的"上帝之手",激发学生的学习兴趣,深入解释足球规则的演化过程及规则执行过程中存在的难点和盲区。

(4) 思辨互动。引导学生围绕某一问题进行思辨,在辩论的过程中,进一步深化学生对学习内容的认识和理解。在准备过程中,学生会围绕思辨的内容进行自主学习,进一步深化学习效果,提升互动效果。如在二年级《立定跳远练习方式与比赛》一课中,教师提出问题:往什么方向跳,才能跳得远?有的学生认为必须向前跳,有的学生认为要向上跳。教师提议同学自主学练,找出最佳办法。

2. 悦动

悦动是指高兴、愉悦、主动地参与身体活动，包括自觉、积极地体验运动的苦与乐、享受在运动中的快乐。灵动体育课堂以"趣"为主题，以"悦"为情感指向，通过师生高质量互动，以促进学生高效参与、高情感投入，发展高阶思维，展现"悦在动中生"的教学特点和境界。如《花样跳绳：车轮跳及创编组合》一课在动感的音乐中拉开序幕，充分调动学生的学习积极性。教师用激情洋溢的音乐绳操和丰富、有趣的"双摇大比拼"把学生带到花样跳绳的世界里；通过"车轮跳——智勇大闯关"游戏，把车轮跳的技术趣味化、简单化、组合化；运用循序渐进的方式让学生在"玩中学、学中练、练中赛、赛中知"，真正做到"学、练、赛"的结合。

3. 触动

触动是指激起、打动。灵动体育课堂除了增强学生体质，更多的是通过对身体的教育，震撼心灵，健全人格，通过"育体"与"育心"的有机融合，最终达到育人的目的。如在六年级《耐久跑练习与比赛》一课中，教师利用游戏"荣耀之巅"和"大国重器"激发学生的运动兴趣，并通过摆臂练习、掌握呼吸节奏和素质练习相结合的方式，让学生学会"耐久跑"运动基本技能，培养学生爱国主义精神和坚持不懈的意志品质。最后的放松运动阶段，让学生深刻认识到体育不仅是学习的一部分，更是生活的一部分。一个人在青少年时期形成的体育习惯、掌握的体育技能、感悟的体育精神，会让其受益终身。

（三）真

"真"的本意是真实、真理。"真"是"灵动体育"课堂的永恒追求。灵动体育课堂求"真"，是指学生成为学习的主体，使学生学会做真人，解决真实问题，让学习在课堂上真实发生。

1. 真情境

《课程标准》建议教师创设真实、复杂的情境。灵动体育课堂中的运动情境是真实的运动场景。相较于各类学科中惯常运用的"生活情境""故事情境"等，它强调让学生在更接近运动本质的情境中学习技能、发展能力。如在四年级《篮球：行进间运球及组合》一课中，整节课通过多种方式练习，让学生了解篮球行进间运球路线，学会运球组合动作，并进行3V3或5V5的实践比赛，让学生学会如何在真实的比赛情境下运用这些技能。

### 2. 真问题

《课程标准》要求运用启发性问题引导学生发挥想象力。启发性问题就是真问题。真问题能培养学生的好奇心，充分激发学生的学习兴趣。灵动体育课堂中教师引导学生进行发散思考，能够拓展他们解决问题的思路，让学生对动作技术的理解更加透彻，激发学生参与运动的积极性。如在四年级《弯道跑练习与比赛》一课中，为了让学生掌握弯道跑技术，体会弯道跑时身体姿势的变化，教师安排学生分别在大圆弧线、小圆弧线及直线上练习，并提问"三者的身体姿势和感受有什么不同？"，让学生通过自己的练习体会和总结三者的不同，从而加深对弯道跑技术的理解和掌握。

### 3. 真解决

《课程标准》要求帮助学生理解和掌握知识与技能，提高解决体育与健康实际问题的综合能力。灵动体育课堂倡导将教师的动作示范、重点讲解与学生的自主学习、合作学习、探究学习有机结合，将集体学练、小组学练与个人学练有机结合，注重将健康教育教学理论讲授、交流互动与实践应用相结合，激发学生的学习热情，帮助学生有效学习，让学生体会到真正解决问题的成就感。

在水平二的二年级《前滚翻及组合动作》一课中，根据教学内容及学生的身心特点、动作技能水平，设计几个任务情境：身体抱成球原地跳几跳，保持低头的姿势；在团身垫上前后滚动，球形不散；在用垫子搭建的斜坡上前滚翻，尝试翻完后站起来；放平垫子，进行完整的前滚翻学练；体验在软、硬垫子上分别完成前滚翻，感受前滚翻的速度；给予一定的距离或面积限制，促进动作的协调和连贯。学生在设置的这些情境中始终围绕着一个问题"如何做到团身低头、滚动圆滑？"进行思考和行动，并通过不断的运动体验最终找到方法、解决问题。

针对学生的个体差异，教师在设计任务问题情境时，还体现分层架构，关注不同能力学生的发展情况，在场景设置中安排不同的任务。这样的教学才真正面向全体学生，才能让每个学生的运动素养都得到相应的提升。

### （四）趣

"趣"的本意是有趣、兴趣。"趣"是灵动体育课堂的灵魂。灵动体育课堂求"趣",是指将快乐、新鲜的内容融入体育教学中,使体育教学的内容、氛围、形式等得到积极的改变,激发学生学习的乐趣,培养学生的情趣,发展学生的智趣,让学生在快乐中学练,在学练中成长。

1. 乐趣

乐趣是指学生在参与体育活动过程中快乐、愉悦的情感体验。乐趣的产生主要源自个体获得愉悦感、成就感、幸福感。因此,体育教师要善于挖掘灵动体育课堂中的"乐"元素,激发学生的学练兴趣,关注学生的情感体验,在实践中深入体验乐趣。以下介绍四种获得乐趣的方法和手段。

(1) 言语传乐。教师要善于运用激励的言语,激发学生的学练兴趣。如运用"你的 800 米成绩比上次测试计时少了 30 秒!""你跳绳的花样真多!""你踢毽子特别稳!"等具体的赞美言语,体现教师对学生的用心和关爱,使学生暖心而愉悦。

(2) 肢体寓乐。肢体语言具有符号的功能和特征,能表意。在灵动体育课堂中用来指引动作、启发思维,以增强教学的趣味性。如教师在组织学生长跑练习时,施口令是:"预备,走你!"同时,教师做出"右脚弓步,右手臂斜抬举"的静态肢体符号,表示"大部队"将朝此方向跑出,缓解学生起跑时的紧张情绪。

(3) 学练尝乐。学练尝乐是指学练过程中享受运动的乐趣。教师灵活运用场地器材、组织形式、教学方式,关注学生本能的体育需求,让学生超越知识、技能的藩篱,掌握相应项目的运动技能,享受运动的乐趣。如学生配对做仰卧起坐(一人帮护,一人做)练习,难免怠倦;而采用六人一小组手挽手围圈席地而坐进行该练习,一起大声数数,充满激情,能营造出欢乐的课堂氛围。

(4) 比赛享乐。在灵动体育课堂中,教师要依据运动技能的梯度组织比赛,力求形成你追我赶、积极竞争的课堂氛围,让更多学生在比赛中受益。如在水平二专项运动技能中,跳远项目可以采用蹲踞式跳远常规比赛、积分比赛、双人结对挑战赛等比赛形式;投掷项目可以采用投掷比远和比准比赛、以组为单位的积分比赛等比赛形式。

2. 情趣

情趣是指有情感、有体验,认知与情意和谐统一。灵动体育课堂充分运用教学中的情趣因素,以调动学生的求知欲望和运动兴趣,使课堂更具魅力、更富成效。以下介绍灵动体育课堂三种激发学生情趣的方法。

（1）倾心架构。灵动体育课堂的情趣化需要多元素作用。首先要建立民主、和谐、亲密的师生关系，学生才会喜爱教师，进而喜爱他所上的课、喜爱他所教的学科。其次，教师要努力提升自身素养，努力成为一个博学多才的"杂家"，这样他才会在情趣教学中得心应手、挥洒自如。最后要创设良好的心理环境，引领学生潜心投入，引发学生积极思考。

（2）悉心锻造。灵动体育课堂以情动人、以爱感人、以心诲人。因此，要让"细节"显情。在教学中，以竖大拇指、点头等激励动作在无形中增强学生的自尊心、自信心。在教学中，教师要塑造良好的形象，使学生从内心深处亲近教师而乐于学习、勤于思考、勇于展示。在教学中，教师要关注学生的个性特点，妥善应对学生的个性差异，引导学生个性发展，给予每个学生充分展示的舞台。

（3）潜心酿造。灵动体育课堂切实做到"思为生所思，行为效所行"。因此，要注重与"课标"相谐、与"学情"相谐、与"体育"相谐、与"生活"相谐。

在教学中，可以根据情境选择主题音乐，其中"爱国主义"主题情境音乐可以用《祖国祖国我们爱你》《不忘初心》《我和我的祖国》《中国范儿》《龙的传人》等；"冬奥会"主题情境音乐可以用《寻梦而来》《你就是奇迹》《冰雪情怀》《与冰雪共舞》等；"森林"主题情境音乐可以用《兔子跳跳跳》《猩猩舞》《森林狂想曲》等；"运动会"主题情境音乐可以用《我要飞》《卡路里》《即刻出发》等。

3. 智趣

智趣是指激活学生思维，使学生在快乐探究中获得深刻的理性情感体验。灵动体育课堂注重跨学科主题学习，融合其他课程，充分发挥育人功能，让学生由浅层的感官满足，上升到深层的理性思考，触及学习本质及发展本质，进而提升学生核心素养。如在二年级《负重跑的游戏与运用》一课中，教师在前几课直线、曲线、往返跑教学的基础上，模拟创设"井冈山下种南瓜"的主题劳动情境，让学生学练夹、抱、背等负重方法，解决负重跑时的身体平衡这一重点问题，感受负重跑的方向、路线及速度等变化，突破全身用力、动作协调的难点，发展肌肉力量、身体的协调性、平衡能力等。同时进行避免碰撞、劳动后及时洗手等安全、健康教育。本课不仅有助于学生进一步体验移动性技能，促进体能发展，还能培养学生的劳动意识，培养学生乐观劳作、不怕吃苦的精神。

## 第二节　教学模式

　　教无定法，但课堂教学是有章可循的。"素养导向、综合育人、实践育人"既是新课程倡导的核心理念，也是体育与健康课程改革所追求的重要目标。学生学习方式转变的前提是教师教学方式得到转变。在体育与健康教学中，教师要率先树立创新精神，转变教学观念，针对教学中遇到的实际问题开展教学研究，不断增强开发新课程的能力，把课堂还给学生，让课堂灵动起来，这样才能让学生感受到体育课的魅力，由"要我学"的教学模式转变为"我要学"的教学模式。

　　"模式"一般指被研究对象在理论上的逻辑框架，不仅是经验与理论之间的一种可操作性的知识系统，也是一种理论性的但现实再现的简化结构。最先将"模式"一词引入教学领域并加以系统研究的，是美国学者布鲁斯·乔伊斯和玛莎·韦尔。他们在《教学模式》一书中提出：教学模式是构成课程和作业、选择教材、提示教师活动的一种范式或计划。他们将"模式"一词引入教学理论中，是想以此说明在一定的教学思想或教学理论指导下建立起来的各种类型的教学活动基本结构或框架，表现教学过程程序性的策略体系。

　　传统的教学模式的特点是教师灌输知识，学生被动、机械地接受知识，结果忽视了学生在学习中的主体性，片面强调灌输方式，在不同程度上压抑和阻碍了学生的个性发展。针对这一缺陷，杜威提出了"以儿童为中心"和从"做中学"的实用主义教学模式，其基本流程是"创设情境—确定问题—占有资料—提出假设—检验假设"。

　　为了激发学生的灵动思维，增强其创新意识，我们大胆尝试，积极推陈出新，不断优化课堂教学结构，建构了适合水平一（一、二年级）、水平二（三、四年级）、水平三（五、六年级）的不同灵动体育教学模式。

## 一、水平一"游戏体验，灵动课堂"教学模式

### （一）概念

"游戏体验，灵动课堂"教学模式是指在课堂教学中，以游戏作为基本的教学形式载体，将游戏有机地融入体育教育教学当中，使学生在体验游戏的过程中，充分感知、感悟蕴藏于教学活动中的各种人和事，进而获得知识、提高能力、生成情感、健全人格，实现自主发展的一种教学模式。本模式主要适用于一、二年级的体育教学。

这种教学模式以学生的游戏体验为主要形式，让学生亲自参与课堂游戏活动，通过亲身经历去感受、关注、参与，通过体验和内省实现自我认知、自我发展和自我完善。它有利于建立平等、和谐的师生关系；能够充分调动学生的积极性和主动性，增强学生的参与兴趣；有利于确保学生的主体地位，有助于发展学生的自主能力和创新能力；有助于培养学生健康的心理品质，激发学生的积极情感，促进学生的个性发展。

### （二）特征

1. 情感感染性

心理学家戈尔曼说："情感决定着我们潜能的发展程度，决定着我们的人生成就。"体育游戏是通过学生亲自参与活动、亲自体验游戏过程而获得知识和技能的教学活动，深受学生的喜爱。情感不仅是游戏体验的核心，也是游戏体验的出发点和落脚点，这表明"游戏体验，灵动体育"教学模式具有情感感染性。从教学的"三维目标"看，情感、态度、价值观目标是新课程改革特别重视的教学目标，"游戏体验，灵动体育"教学模式体现了新课程理念，高度关注情感目标的达成；从教学过程来看，"游戏体验，灵动体育"教学模式的课堂不再是单纯的知识和技能传授的课堂，而是关注学生的成长、情感体验和全面发展的课堂。从教学模式来看，情感教学方法是普遍采用的、行之有效的教学方法。

2. 亲身体验性

亲身体验主要是指学生本人的亲身经历、亲身体会、亲身感悟等。亲身体验性是"游戏体验，灵动体育"教学模式的根本特点。亲身体验强调学生亲身经历某件事，引起学生情感共鸣，让学生获得感想和体会。亲身体验能够极大地激发和丰富学生的情感，让学生焕发生命的活力，调动课堂的气氛。

3. 主体参与性

游戏体验主要是学生的体验，主体体验的过程同时是主体参与的过程。没有主体的情感感受和情感投入，体验就无从谈起；没有主体的积极参与，体验就难以有效进行。可见，"游戏体验，灵动体育"教学模式具有主体参与性。要使"游戏体验，灵动体育"教学模式收到良好的效果，就必须充分发挥主体的主动性、积极性和创造性，就必须为学生创造参与氛围，优化参与环境，提供参与条件，指导参与方法。

4. 动态生成性

学生参与体验的过程实际是动态生成的过程，学生获得的体验越多，课堂生成的就越多，学生的体验越深刻，课堂的生成也就越有价值。学生在游戏体验中如果没有任何生成，那么是没有意义的。在这个过程中，动态生成的除了知识，还有学生的情感、态度和价值观。通过动态生成，学生的感悟会更深刻，情感会更丰富，态度会更端正，价值观也会得到更大提升。

（三）依据

"游戏体验，灵动体育"教学模式的实施依据之一是游戏理论和体验学习理论。教育游戏的先驱者和研究者詹姆斯·保罗·吉，提出游戏可能是最佳的学习手段，将游戏与教育结合。2001 年，教育游戏专家马克·普伦斯基首次提出"数字原住民"（digital natives）概念，他认为学生习惯数字世界的规则，教育应采用他们熟悉的方式进行，如游戏。他是游戏化教学早期的提倡者。美国组织行为学教授大卫·库伯提出了体验式学习的理论。1984 年，他出版了《体验学习：让体验成为学习和发展的源泉》一书，系统地梳理了杜威、勒温、皮亚杰的教育思想，吸收了哲学、心理学、生理学的最新研究成果，详尽地阐述了他对体验学习的若干理论问题的看法。库伯概括出了体验学习的基本特征，强调通过系统的情境设计，把学习者导入学习情境之中，让他们"身临其境"体验学习，比如用手触摸，用眼辨察，用耳倾听，用鼻嗅闻，用脑深思，产生更具体、更明确的体悟。可见，"游戏体验，灵动体育"教学模式的实施离不开体验学习理论的支撑。

"游戏体验，灵动体育"教学模式的实施依据之二是现代教学论。现代教学论认为，教学是一种特殊的实践。这种教学论把教学的本质看作人的存在形式和生活形式，以培养完满的人格为目标，建构人与世界的全面的、丰富的意义，引导人去体验生活，理解世界，理解人生的价值与意义。现代教学论强调"体验生活""亲身参与"等，为"游戏体验，灵动体育"教学模式的实施提供了理论依据。

### （四）原则

1. 安全性原则

"游戏体验，灵动体育"教学模式的实施首先应该考虑学生的安全。一是要确保教学场地的安全性，有效规避运动风险。二是要培养学生运动安全意识，做好自我安全防护。三是要关注运动全程，确保学生安全运动；四是要保证安全应急措施，为学生的身心安全保驾护航。

2. 真实性原则

"游戏体验，灵动体育"教学模式的实施应该尽可能真实，让学生在游戏中感受到真实的运动情境，提高学生对真实运动情境的认知和理解。

将"障碍接力游戏"改编为"王二小送情报"这一情景主题，将游戏内容故事化。"王二小"克服各种困难，依次跳过"小河"—爬过"山坡"—绕过"小树林"—钻过"山洞"，最后快速奔跑，将情报及时、迅速地送到目的地。在练习中，学生置身于战争情境中，身临其境，兴致高涨，引发出无穷的乐趣。在练习几次之后，教师组织学生重新设计"各种障碍"路线。

3. 挑战性原则

"游戏体验，灵动体育"教学模式的实施应具有一定的挑战性，让学生在游戏中不断挑战自己，挑战同伴，提高自身的核心素养。

在"快找同伴"游戏中，让学生自愿组成5人一组，找到同伴后进行立体造型大比拼，创编出自己喜欢的、富有个性的造型。游戏前，教师鼓励学生积极创新，不要照搬曾经摆过的造型，要求创编出更加新颖的、富有个性的立体造型。经过学生们的思考、讨论、演练，令人捧腹大笑的立体图形展现在眼前："狮子观海""猴子捞月""神龙摆尾""千手观音""童子拜菩萨"……

4. 互动性原则

"游戏体验，灵动体育"教学模式的实施应该注重学生之间的互动，让学生在游戏中相互交流和合作，提高学生的社交能力和团队合作能力。

## （五）结构

"游戏体验，灵动课堂"教学模式课堂基本结构为"情境创设—游戏导入—游戏体验—游戏运用—身心放松"（表3-1）。

表3-1 "游戏体验，灵动课堂"基本结构

| 环节 | 方法 | 目的 |
| --- | --- | --- |
| 情境创设 | 视频、故事、语言等 | 激发运动兴趣 |
| 游戏导入 | 游戏活动、比赛等 | 活跃身心 |
| 游戏体验 | 自主体验、合作体验等 | 体验内容和练习方法 |
| 游戏运用 | 展示、比赛等 | 强化运动技能运用 |
| 身心放松 | 放松、总结 | 放松身心 |

《课程标准》专门设置基本运动技能的水平一（一、二年级）目标及针对水平目标的课程内容，主要在义务教育阶段一至二年级进行教学，同时把基本运动技能分为移动性技能、非移动性技能和操控性技能。灵动体育教学根据学生的身心发展规律、运动技能形成规律和课程的育人特点，在水平一（一、二年级）阶段重点通过体育游戏发展学生的身体活动能力，让学生在玩中学、玩中练，激发学生的运动兴趣。以下三个案例从移动性技能、非移动性技能和操控性技能三个类型分别阐述水平一"游戏体验，灵动课堂"教学模式的具体运用。

### 案例 1

#### 水平一（二年级）
#### 《基本运动技能—移动性技能—追逐跑》教学设计

一、指导思想

本课依据《课程标准》理念，坚持"健康第一"的指导思想，以核心素养为引领，突出学生的主体地位，落实"教会、勤练、常赛"要求。通过情境和游戏的创设，让学生学练和体验移动性技能的具体内容和练习方法，激发学生的运动兴趣，感受体育活动的乐趣，不断提升基本运动技能水平，同时在情境和游戏中培养学生与同伴友爱互助的意识，培养学生克服困难、坚持到底的意志品质。

二、教材分析

追逐跑是提高学生跑步能力的重要技能。通过追逐跑的练习，能有效

发展学生快速启动能力和奔跑能力。根据小学阶段跑的教材设计，发展快速启动能力是二年级教材的重要内容。在一、二年级通过游戏和竞赛可较好培养该能力，但学生的掌握程度不一，因此本节课一方面着重巩固追逐跑快速启动的动作要领，另一方面进一步发展快速奔跑的能力。

三、学情分析

二年级学生好奇心强，爱模仿，身体练习时容易被新颖的内容所吸引，注意力不够稳定，不易持久。在教学中创设生动、形象的情境进行游戏化教学和启发式教学，可以激发学生的学习热情和兴趣，促进学生学练。

四、重点和难点

重点：紧盯目标，快速启动。

难点：反应灵敏。

五、教法和学法

教法：本课主要采用情境教学法、游戏法、体验法等，激发学生学习兴趣，培养学生的移动性技能。

学法：通过观察、模仿、学练、体验、评价等方式完成学练目标。

六、教学过程

以"村长带着喜羊羊在青青草原上学习灵敏躲闪、快速追逐的能力来和灰太狼斗智斗勇"情景导入，用魔力圈（棒）和富有童趣的音乐引导学生以饱满的精神状态投入本课的学练中，做棍棒操帮助学生热身，激发学生学练兴趣，为主教材学习做好铺垫。游戏内容包括以下内容：（1）不同距离追逐跑（① 面对面抓尾巴；② 直线距离抓尾巴）。（2）不同姿势与不同信号相结合的追逐跑（① 跪姿—鸣哨；② 转身—敲锣；③ 站姿—发令）。（3）猜拳竞赛追逐跑（① 跪撑石头剪刀布；② 背对背胯下石头剪刀布）。（4）圆形队伍追逐跑。（5）30秒定时追逐跑。教师通过不同游戏的追逐跑，让学生掌握移动性技能——追逐跑，最后通过"点石成金"小游戏活跃课堂气氛，让学生体验运动带来的乐趣。进行拉伸练习，增强学生的柔韧性，播放歌曲让学生跟着教师进行放松。

七、安全预防

课前检查场地是否有杂物，对学生进行安全教育；课中做好充分的准备活动、放松活动，提醒学生注意安全，听从指挥。

八、课时计划

课时计划见表3-2。

## 第三章 灵动体育教学实践

**表 3-2 《基本运动技能—移动性技能—追逐跑》课时计划**

| 学习阶段 | 水平一（二年级） | 单元 | 跑与游戏 | 课时 | 第 3 课时 |
|---|---|---|---|---|---|
| 素养指向 | 1. 运动能力：通过追逐跑练习，学生能够说出追逐跑的动作要领和练习方法，能够完成追逐跑，做到反应迅速、启动快。<br>2. 健康行为：通过追逐跑练习，学生知道提高反应和移动速度的练习方法。<br>3. 体育品德：通过追逐跑练习，学生懂得如何克服困难，坚持到底，利用小组合作互相鼓励。 ||||||
| 学习内容 | 基本运动技能—移动性技能—追逐跑 |||||
| 学习重点 | 紧盯目标，快速启动 |||||
| 学习难点 | 反应灵敏 |||||

| 课堂结构 | 学练内容 | 教师活动 | 学生活动 | 组织队形 | 运动负荷 |||
|---|---|---|---|---|---|---|---|
| | | | | | 次数/次 | 时间/分 | 强度 |
| 情绪创设 | 课堂常规<br>1. 体育委员整队。<br>2. 师生问好。<br>3. 宣布本课内容。 | 1. 集合整队。<br>2. 与学生亲切问好。<br>3. 宣布本课学习内容。 | 1. 快速整队。<br>2. 与教师亲切问好。<br>3. 明确本课学习内容。 | 队形：<br>○○○○○○<br>○○○○○○<br>●●●●●●<br>●●●●●●<br>★<br>要求：快、静、齐。 | 1 | 1 | 小 |
| 游戏导入 | 一、玩转魔力圈<br>1. 魔力圈跳一跳（绕着圈进行各种形式的跳）。<br>2. 魔力圈抛一抛（向上抛要接住，向前抛快追逐）。 | 1. 教师组织学生围绕圈进行各种跳跃练习。<br>2. 教师组织学生用圈进行抛接练习。 | 1. 认真模仿，积极动脑筋。<br>2. 按要求进行各种抛接圈练习。 | | 2~3 | 1 | 中 |
| | 二、玩转魔法棒<br>1. 绕着棒跳一跳。<br>2. 绕着棒跑一跑。 | 1. 组织学生跳跃练习。<br>2. 组织学生听信号跑。 | 1. 按要求练习各种跳。<br>2. 听哨音迅速反向跑。 | | 3~4 | 2 | 中 |
| | 三、棒操"喜羊羊" | 1. 领做棒操。 | 1. 认真模仿练习棒操。 | | 1 | 2 | 中 |

续表

| 课堂结构 | 学练内容 | 教师活动 | 学生活动 | 组织队形 | 运动负荷 | | |
|---|---|---|---|---|---|---|---|
| | | | | | 次数/次 | 时间/分 | 强度 |
| 游戏体验 | 一、不同距离追逐跑<br>1. 面对面抓尾巴。<br>2. 直线距离抓尾巴。<br>二、不同姿势、不同信号相结合的追逐跑<br>1. 跪姿——鸣哨。<br>2. 转身——敲锣。<br>3. 站姿——发令。<br>三、猜拳竞赛追逐跑<br>1. 跪撑石头剪刀布。<br>2. 背对背胯下石头剪刀布。 | 1. 教师组织学生面对面和直线距离抓尾巴。<br>2. 用不同姿势和不同信号相结合组织学生追逐跑。<br>3. 组织学生采用各种姿势进行石头剪刀布，追逐并折返跑。 | 1. 积极躲闪，快速追逐。<br>2. 集中注意听信号，快速启动去追逐。<br>3. 按照教师的要求进行猜拳跑，反应要灵敏。 | 队形：<br>↓ ↑<br>要求：注意安全，认真学练。 | 3 | 3 | 大 |
| 游戏运用 | 一、圆形队伍追逐跑<br>二、30秒定时追逐跑<br>三、点石成金：不同方向追逐跑<br>四、爬行打卡 | 1. 组织学生分8组进行圆形追逐跑。<br>2. 组织学生30秒定时跑，强调右侧超越。<br>3. 组织学生进行"点石成金"的小游戏，提出要求。<br>4. 组织学生膝盖不着地爬行练习。 | 1. 8位组长带领组员围成圆形追逐跑。<br>2. 遵守规则，安全有序进行圆形追逐跑。<br>3. 安全学练，积极游戏，遵守规则。<br>4. 按要求进行练习，注意安全，不相撞。 | 队形：<br>○○ ○○<br>○○ ○○<br>要求：积极参与，协同配合。<br>队形：<br>✥<br>要求：积极参与，协同配合。 | 3 | 2 | 大 |
| 身心放松 | 一、放松练习<br>二、交流学习感受<br>三、布置课后作业<br>四、师生再见 | 1. 指导学生在音乐声中练瑜伽，放松身体。<br>2. 师生交流学习情况。<br>3. 布置课后作业。<br>4. 宣布下课，师生再见。 | 1. 在音乐伴奏下进行拉伸和放松。<br>2. 与同伴交流学习感受。<br>3. 认真听后完成作业。<br>4. 回收器材，师生再见 | 队形：<br>○○○○○<br>○○○○○<br>●●●●●<br>●●●●●<br>★ | 1 | 2 | 小 |
| 预计效果 | 练习密度：62%左右；平均心率：140—160次/分 | | | | | | |
| 场地器材 | 音响1台，泡沫棒每人1根 | | | | | | |

## 水平一（一年级）
## 《基本运动估计能—非移动性技能—平衡与游戏》教学设计

### 一、指导思想

本课以《课程标准》为导向，坚持"健康第一"教育理念，以培育学生的核心素养为目标，创设运动情境，以游戏为主线，以体验为基本方式，借助袜子进行平衡的各种动作练习，帮助学生在学练中了解平衡动作，满足学生的好奇心，培养学生的探究意识、动手能力、团队合作能力和责任感。

### 二、教材分析

平衡是身体的基本活动能力之一。学生学练和体验平衡，可以发展学生的基本运动能力，培养学生敢于竞争、努力拼搏、善于合作的精神，为学生发展体能和学练专项运动技能奠定良好的基础。

### 三、学情分析

一年级学生好奇心强，爱模仿，身体练习时容易被新颖的内容所吸引，注意力不够稳定、不易持久，教学中创设生动、形象的情境进行游戏化教学和体验式教学，可以激发学生的学习热情和兴趣，促进学生学练。

### 四、重点和难点

重点：在游戏中感受平衡的乐趣。

难点：身体控制能力。

### 五、教法和学法

教法：本课主要采用情境教学法、游戏法等，激发学生的学习兴趣，培养学生的非移动性技能。

学法：通过观察、模仿、学练、体验、评价等方式完成学练目标。

### 六、教学过程

创设"圣诞老人送礼物"情境，激发学生热身运动的兴趣；袜子操，激发学生兴趣并热身；袜子平衡大挑战游戏，让学生在试一试、学一学、练一练中锻炼平衡能力；神奇袜子小游戏，让学生在两人斗鸡、四人角力、小组动力火车比赛中提高平衡能力；袜子小游戏，提高学生身体素质。

### 七、安全预防

课前检查场地是否有杂物，对学生进行安全教育；课中做好充分的准备活动、放松活动,提醒学生注意安全,听从指挥。

八、课时计划

《基本运动技能—非移动性技能—平衡与游戏》课时计划见表3-3。

表3-3 《基本运动技能—非移动性技能—平衡与游戏》课时计划

| 学习阶段 | 水平一(一年级) | 单元 | 平衡与游戏 | 课时 | 第1课时 |
|---|---|---|---|---|---|

| 素养指向 | 1. 运动能力:学生了解平衡的正确方法和基础知识,能说出支撑、静态平衡、动态平衡等动作术语,提高身体控制能力,发展平衡、协调、灵敏等身体素质。<br>2. 健康行为:学生对科学知识有一定的认识,积极参与袜子平衡游戏,体会运动的快乐。<br>3. 体育品德:敢于克服重心不稳的困难,遵守游戏规则,培养学生的探究意识、动手能力、团队合作意识及责任感和劳动意识。 |
|---|---|
| 学习内容 | 基本运动技能—非移动性技能—平衡与游戏 |
| 学习重点 | 在游戏中感受平衡的乐趣 |
| 学习难点 | 身体控制能力 |

| 课堂结构 | 学练内容 | 教师活动 | 学生活动 | 组织队形 | 运动负荷 | | |
|---|---|---|---|---|---|---|---|
| | | | | | 次数/次 | 时间/分 | 强度 |
| 情境创设 | 课堂常规<br>1. 体育委员整队。<br>2. 师生问好。<br>3. 宣布本课内容。 | 1. 集合整队。<br>2. 与学生亲切问好。 | 1. 快速集合。<br>2. 与教师亲切问好。 | 队形:<br>○○○○○○<br>○○○○○○<br>●●●●●●<br>●●●●●●<br>★<br>要求:快、静、齐。 | 1 | | 小 |
| 游戏导入 | 热身活动<br>圣诞老人的礼物。 | 1. 通过圣诞老人的礼物引出袜子。<br>2. 启发学生用袜子进行运动。<br>3. 利用袜子组织学生玩一玩。<br>4. 带领学生做袜子操。 | 1. 带着圣诞老人的礼物来运动。<br>2. 思考袜子有哪些练习方法。<br>3. 跟着教师利用袜子玩一玩。<br>4. 手持袜子,模仿教师做操。 | 队形:<br>○○ ○○<br>○○ ○○<br>●● ●●<br>●● ●●<br>★<br>要求:大胆想象,动作形象。 | 4 | | 中 |

第三章　灵动体育教学实践

续表

| 课堂结构 | 学练内容 | 教师活动 | 学生活动 | 组织队形 | 运动负荷 | | |
|---|---|---|---|---|---|---|---|
| | | | | | 次数/次 | 时间/分 | 强度 |
| 游戏体验 | 袜子平衡大挑战。 | 1. 穿一穿：组织学生进行穿袜子比赛。2. 试一试：利用袜子进行一点支撑动作。3. 练一练：组织学生"自己平衡—单脚支撑写字—燕式平衡—找助力点"。 | 1. 进行穿袜子比赛，比一比谁穿得快。2. 挑战各种支撑动作：坐着、背起、跪着、站着。3. 思考怎么样才能平衡，并能积极参与平衡动作的练习。4. 积极参与袜子平衡大挑战游戏。 | 队形：<br>○○　○○<br>○　　○<br>●●　●●●<br>●●　●●<br>★<br>要求：开动脑筋，积极参与。 | | 7 | 大 |
| 游戏运用 | 一、神奇袜子小游戏 | 1. 利用袜子进行拉力小游戏。2. 两人角力、四人角力大挑战。3. 组织学生开展动力小火车比赛。4. 圣诞马车送礼物、欢庆圣诞。 | 1. 袜子套脚上进行斗鸡小游戏。2. 袜子相扣进行角力游戏。3. 小组合作开动小火车，比比哪辆开得远。4. 四人一组，利用袜子做成圣诞小马车送礼物，玩游戏。 | 队形：<br>□　　□<br>□　　□<br>要求：积极参与，配合游戏。 | | 11 | 大 |
| | 二、神奇袜子大挑战（素质游戏） | 1. 组织学生利用袜子进行各种素质小游戏。 | 1. 素质小游戏：在教师引导下进行大风车、炮战等神奇袜子素质小游戏。 | 队形：<br>○○　○○<br>○　　○<br>●●　●●●<br>●●　●●<br>★<br>要求：积极参与。 | | | |

067

续表

| 课堂结构 | 学练内容 | 教师活动 | 学生活动 | 组织队形 | 运动负荷 | | |
|---|---|---|---|---|---|---|---|
| | | | | | 次数/次 | 时间/分 | 强度 |
| 身心放松 | 一、放松活动<br>二、课堂小结<br>三、布置课外作业<br>四、回收器材<br>五、师生道别 | 1. 带领学生放松，调整呼吸，放松身心。<br>2. 与学生进行课堂小结。<br>3. 布置课外作业。<br>4. 组织学生回收器材。<br>5. 与学生说再见。 | 1. 学生跟随教师一起放松身心。<br>2. 与教师进行课堂小结。<br>3. 了解课外作业。<br>4. 回收器材。<br>5. 与教师说再见。 | 队形：<br>○○　○○<br>○　○○<br>●●　●●<br>●　●●<br>★<br>要求：身心放松。<br>队形：<br>○○○○○○<br>○○○○○○<br>●●●●●●<br>●●●●●●<br>★<br>要求：积极配合。 | 1 | 1 | 小 |
| 预计效果 | | 练习密度：60%；平均心率：140—160次/分 | | | | | |
| 场地器材 | | 音响1台、袜子每人1双 | | | | | |

## 水平一（二年级）
### 《基本运动技能—操控性技能—各种传》教学设计

一、指导思想

坚持"健康第一"的指导思想，遵循"以学定教"的教学理念，以活动为载体，创设情境，借助游戏、组合练习、比赛等方式激发学生主动学习的热情，感受体育活动乐趣的同时，学练和体验"基本运动技能—操控性技能—各种传的内容和练习方法"，为今后球类的专项运动技能和发展学生体能做准备，发展基本活动能力，有效落实"教会、勤练、常赛"，培养学生不怕困难、努力坚持的良好品质。

二、教材分析

"基本运动技能—操控性技能"是小学水平一教材的重要内容。通过各种传的教学，发展学生的基本运动技能。在多样化的各种传游戏活动中，丰富运动体验，培养学生对时空变化和身体变化的感知能力。

## 三、学情分析

二年级学生活泼好动，好奇心、模仿能力强，易调动，参与积极性高。但注意力不集中，自控能力较差。故采用游戏体验法，引导学生在游戏中学习，让学生在练中学，学中乐，体验成功的喜悦。

## 四、重点和难点

重点：传得直，传得稳，传得准。

难点：反应迅速，动作协调。

## 五、教法和学法

教法：本课主要采用情境教学法、游戏法等，激发学生的学习兴趣，培养学生的操控性技能。

学法：通过模仿、观察、学练、体验、评价等方式完成学练目标。

## 六、教学过程

创设情境，激发学生兴趣；进行传递游戏、模仿操热身，为基本部分做好准备；创设不同的情境，体验不同形式的各种传递游戏；玩小游戏发展学生上下肢协调能力，培养学生吃苦耐劳的精神，并在游戏中提高学生的身体素质。

## 七、安全预防

课前检查场地是否有杂物，对学生进行安全教育；课中做好充分的准备活动、放松活动，提醒学生注意安全，听从指挥。

## 八、课时计划

《基本运动技能—操控性技能—各种传》课时计划见表3-4。

表3-4 《基本运动技能—操控性技能—各种传》课时计划

| 学习阶段 | 水平一（二年级） | 单元 | 各种传 | 课时 | 第1课时 |
|---|---|---|---|---|---|
| 素养指向 | 1. 运动能力：学生积极参与各种传的体育游戏，感受体育活动的乐趣；学练和体验3种传的运动技能。<br>2. 健康行为：学生感受体育锻炼对健康的重要性，了解正确的健康知识。<br>3. 体育品德：培养学生在体育活动中不怕困难、努力坚持学练的意志品质和团结合作的精神。 | | | | |
| 学习内容 | 基本运动技能—操控性技能—各种传 | | | | |
| 学习重点 | 传得稳，传得准，传得快 | | | | |
| 学习难点 | 反应迅速，动作协调 | | | | |

续表

| 课堂结构 | 学练内容 | 教师活动 | 学生活动 | 组织队形 | 运动负荷 次数/次 | 运动负荷 时间/分 | 运动负荷 强度 |
|---|---|---|---|---|---|---|---|
| 情境创设 | 课堂常规<br>1. 体育委员整队。<br>2. 师生问好。<br>3. 宣布本课内容。 | 1. 集合整队。<br>2. 与学生亲切问好。 | 1. 与老师亲切问好，了解上课内容。<br>2. 快速集合。 | 队形：<br>〇〇〇〇〇〇<br>〇〇〇〇〇〇<br>●●●●●●<br>●●●●●●<br>★<br>要求：精神饱满，思想集中。 | 1 | | 小 |
| 游戏导入 | 热身活动<br>认一认，<br>跳一跳，<br>传一传。 | 1. 组织学生进行热身活动。<br>2. 评价与总结。 | 1. 听从要求进行各种热身活动。<br>2. 参与评价。 | 队形：<br>〇〇〇〇〇〇<br>〇〇〇〇〇〇<br>●●●●●●<br>●●●●●●<br>★<br>要求：积极体验，自主模仿。 | | 5 | 中 |
| 游戏体验 | 一、地面传<br>口诀：协调用力传得直<br>二、击地传<br>口诀：控制力量传得稳<br>三、空中传<br>口诀：对准目标传得准 | 1. 组织学生进行两人一组地面传。<br>2. 优生展示。<br>3. 组织学生进行三人一组击地传。<br>4. 优生展示。<br>5. 组织学生进行四人一组空中传。<br>6. 优秀生展示。 | 1. 两人一组进行游戏。<br>2. 积极展示，认真观察。<br>3. 三人一组进行游戏。<br>4. 积极展示，认真观察。<br>5. 四人一组进行游戏。<br>6. 展示与评价。 | 队形：<br>\*\* \*\* \*\*<br>\*\* \*\* \*\* \*\*<br>要求：协同配合，积极参与。<br>队形：<br>△　　　△<br>　△<br>　　△　△<br>要求：协同配合，积极参与。<br>队形：<br>\*\*\*\*　\*\*\*\*<br>\*\*\*\*　\*\*\*\*<br>要求：积极参与，认真完成。 | 10-15×2 | 12 | 大 |

第三章　灵动体育教学实践

续表

| 课堂结构 | 学练内容 | 教师活动 | 学生活动 | 组织队形 | 运动负荷 | | |
|---|---|---|---|---|---|---|---|
| | | | | | 次数/次 | 时间/分 | 强度 |
| 游戏运用 | 一、游戏：勇斗灰太狼<br>二、游戏：小动物运动会 | 1. 讲解和示范练习方法，组织学生比赛。<br>2. 组织学生总结。<br>3. 创设游戏情境。<br>4. 组织学生进行多种身体小游戏。 | 1. 认真听清游戏规则，并积极参与。<br>2. 共同总结。<br>3. 了解游戏方法、要求。<br>4. 在教师的组织下参加多种身体小游戏。 | 队形：分散<br>要求：听从指令，积极参与，认真完成。 | 3<br><br>4 | | 大 |
| 放松身心 | 一、放松操。<br>二、师生共同小结。<br>三、回收器材。<br>四、布置课外作业。<br>五、宣布下课。 | 1. 在音乐声中组织学生进行放松。<br>2. 与学生进行课堂小结。<br>3. 组织学生回收器材。<br>4. 布置课外作业。<br>5. 与学生说再见。 | 1. 积极参与放松。<br>2. 与教师进行课堂小结。<br>3. 整理器材。<br>4. 了解课外作业。<br>5. 与教师说再见。 | 队形：<br>○○○○○○<br>○○○○○○<br>●●●●●●<br>●●●●●●<br>★<br>要求：听从指令，积极参与，认真完成。 | 1 | 1 | 小 |
| 预计效果 | 练习密度：60%；平均心率：140—160次/分 | | | | | | |
| 场地器材 | 音响1个，球每人1个 | | | | | | |

"游戏体验，灵动体育"教学模式遵循水平一学生的身心发展规律，以游戏为基本形式，创设情境，借助游戏，体验练习、比赛等方式，激发学生主动学习的热情，让学生在玩中学、学中练，充分体验活动的快乐，学会基本的运动技能，发展学生良好的体育品德，达到寓教于乐、育体育人的目标。

## 二、水平二"兴趣导学，灵动课堂"教学模式

### （一）概念

"兴趣导学，灵动课堂"教学模式是指以兴趣为先导，以情感为纽带，以问题为主线，以互动为形式，以成长为目标的一种高效课堂教学模式。它通过教学内容和教学方法的问题化，建构问题或问题群落及其学习情境；

设计和实施以问题为中心的导引与学习的活动,让师生围绕问题开展自主合作探究学习;让学生通过解决问题达成知识的自我建构、能力的自我培养、价值观的自我确立。"兴趣导学"既是新课程理念指导下的一种有效培养学生问题意识和创造思维的课堂教学模式,也是当代体育课堂教学深度改革不可回避的新路径、新思维、新方向。本模式主要适用于三、四年级的体育教学。

### (二) 特征

**1. 一个要件**

将问题设计作为"兴趣导学,灵动课堂"的要件。精选对学生思维发展有价值的运动情景,引发学生一系列的思考,努力创设思维探究空间,强调问题化学习。

**2. 一条主线**

将解决问题作为"兴趣导学,灵动课堂"的主线。把提出问题、分析问题、解决问题、生成问题贯穿整个课堂始终。

**3. 一个本质**

将思维发展作为"兴趣导学,灵动课堂"的本质。实现课堂教学由"知识和技能传授"到"思维对话"、由"知识技能型课堂"到"思维型课堂"的转变。

**4. 一个依托**

将多元互动作为"兴趣导学,灵动课堂"的依托。以自主、合作、探究为主要的学习方式,有效实施师生互动、生生互动,引领学生进入深度学习。

**5. 一个目的**

将达成目标作为"兴趣导学,灵动课堂"的出发点和落脚点。让学生学会应用技能,掌握知识,提升能力。

### (三) 依据

"兴趣导学,灵动课堂"是基于"教师导学"体现的素质教育思想和行为主义教学理论,有着丰富的理论依据,并在教学实践中衍生出极强的教学现实意义。

**1. 建构主义教育观**

建构主义认为,知识和技能不是通过教师传授得到的,而是学习者在一定的情境下,借助他人和学习材料的帮助,通过自我建构的方式而获得的。教师在学生知识和技能的自我建构中只是一个帮助者、促进者，而不是知识、技能的传授者与灌输者。"兴趣导学，灵动课堂"即以建构主义教育观为理论基础，强调以问题或问题群落的发现、生成、设计、整合为教学基础，以学生自主合作、探究学习为主要形式，以问题解决、知识习得、能力培育为主要目标，让教师在充分了解学生知识基础和能力层次的前提下，从学生的学习经验出发，围绕问题创设学习情境，引导、鼓励、督促学生借助"生本联导""生生互导""师生相导"等多种形式来解决知识自我建构中遇到的种种问题与困惑。

2. 马赫穆托夫问题教学论

问题教学理论的重要研究者、苏联教学论专家马赫穆托夫曾指出，问题教学的本质通常包含以下三个方面：其一，它是教师引导学生发现问题和解决问题的过程；其二，它侧重学生的相对独立性，强调学生在教师引导下学习的自主性；其三，问题教学强调学习的创造性。马赫穆托夫认为："在这种问题性的课上，教师有意地创设问题情境，组织学生的探索活动，让学生提出问题和解决这些问题（这种做法的问题性水平较高），或由教师自己提出问题并解决它们，与此同时向学生说明在该探索情境下的思维逻辑（这种做法的问题性水平较低）。"由此可见，当前课堂教学中常见的"教师自己提出问题并解决问题，同时向学生说明在该探索情境下的思维逻辑"属于"问题性水平较低"的课堂教学，已偏离了问题教学的本质。"兴趣导学，灵动课堂"是以马赫穆托夫问题教学论为教学基础，让学生通过具有相对独立性和自主性的学习方式，产生疑惑、生成问题，并在教师整合或创设的问题情境中，根据教师的引导，以合作与互助的学习形式进行讨论，开展探究活动，然后解决问题，同时在质疑和探索中激发出自己的创新潜能。

3. 韩立福有效教学法

韩立福教授的"有效教学法"指出，"有效教学"是指在教师的指导下创建学习共同体，使学生学会自主合作探究学习，关注单位时间内提高学习绩效，全面实现课程目标，有效促进学生全面发展和教师专业成长的学习过程。有效教学法的核心理念是"以学为中心，先学后导，全面发展"。在韩立福教授的有效教学法的视野下，"兴趣导学，灵动课堂"的"问题"不只来自教师结构化备课，更来自学生结构化学习。"学"不只是学生对技能的结构化学习，还包括学生对知识和技能学习的意义建构。而"导"则是指对学生自主合作中尚未解决的问题进行"师生互导""生生相导""生本联导"等形式的学习指导。

**（四）原则**

"兴趣导学，灵动课堂"模式的基本原则包括学生主体性原则、问题驱动原则、合作学习原则和探究性学习原则。学生主体性原则强调学生主动参与和自主学习；问题驱动原则强调通过问题引发学生思考和探索；合作学习原则强调学生之间合作与互助；探究性学习原则强调学生通过实践来探索和构建知识。

**（五）结构**

"兴趣导学，灵动课堂"基本结构为"情境创设—问题激趣—技能生成—应用迁移—体能提升—身心放松"（表3-5）。

表3-5 "兴趣导学，灵动课堂"基本结构

| 环节 | 方法 | 目的 |
| --- | --- | --- |
| 情境创设 | 问题导入 | 激发运动兴趣 |
| 问题激趣 | 游戏活动、比赛等 | 活跃身心 |
| 技能生成 | 自主、合作、探究学练等 | 得出结论，学会运动技能 |
| 应用迁移 | 展示、比赛等 | 延伸和拓展技能 |
| 体能提升 | 游戏、比赛等 | 发展体能 |
| 身心放松 | 放松、总结 | 放松身心 |

《课程标准》提出要激发学生参与运动的兴趣，让学生体验运动的魅力，领悟体育的意义。灵动体育教学根据学生的身心发展规律、运动技能形成规律和课程的育人特点，在水平二（三、四年级）阶段重点通过创设学生熟悉的情境，设置有效问题，引导学生进行学练比赛活动，提高学生合作学习的意识及分析问题、解决问题的能力。以下案例分别从田径类运动、体能、新兴体育类运动三个不同角度阐述水平二"兴趣导学，灵动课堂"教学模式的具体运用。

**水平二（三年级）**

**《田径类大单元：跳跃与游戏》教学设计**

一、指导思想

坚持"健康第一"的指导思想，遵循"以学定教"的教学理念，以活

动为载体，创设情境，设置问题，渗透游戏，学生通过学、练、赛、评一体化教学，提升高阶思维能力和问题解决能力，发展运动技能，有效落实"教会、勤练、常赛"，让学生在相互合作中建立自信，善于思考，勇于突破。

二、教材分析

跳跃作为人重要的身体基本活动能力之一，是一种与生活联系最为密切的实用技能，是锻炼学生体能素质的重要方法。本课创设情境，以问题为切入口，激发学生想象和学练兴趣，让学生以最佳路径和效果完成任务，并掌握安全、有效的跳跃技战术动作。

三、学情分析

三年级学生活泼好动，好奇心强，爱思考，模仿能力强，易调动，参与积极性高，注意力、自控能力比二年级学生有了一定的提高。因此，在教学内容的设置上，尽量抓住学生的身心特点，激发学生主动参与练习的积极性，培养学生的思维能力。

四、重点和难点

重点：灵活移动。

难点：起跳有力，跳下平稳。

五、教法和学法

教法：本课主要采用情境教学法、问题导学法等，激发学生学习兴趣，提高学生的核心素养。

学法：通过思考、自主、合作、探究等方式完成学练目标。

六、教学过程

本课先以"小马过河"故事情节导入，小马来到河边—"河里会有些什么呢?"学生发挥想象，进行水中动物的模仿创意练习—"岸边小马又会遇见谁呢?"学生发挥想象，进行陆地动物的模仿练习—"河水是深还是浅呢?"小马徘徊（马步跑）—"小马怎样才能过河呢?"小组尝试体验—水流很急，风很大"通过时应该怎样跳呢?"（落地稳+圆心）—"小马背上的麦子不沾水，又该如何跳呢?"（落地轻巧）—"比一比：谁越过小河用的次数少?"—"小马智斗大鳄鱼"。每个环节自然过渡、循序渐进，让学生在趣味浓厚、充满挑战的氛围中学练，在各个环节中学会观察、思考，运用多元评价的方法，加深对技能的理解和运用，以达到本堂课的教学任务，实现本课的教学目标。

## 七、安全预防

课前检查场地是否有杂物,对学生进行安全教育;课中做好充分的准备活动、放松活动,提醒学生注意安全,听从指挥。

## 八、《田径类大单元:跳跃与游戏》课时计划见表 3-6。

表 3-6 《田径类大单元:跳跃与游戏》课时计划

| 学习阶段 | 水平二 | 单元 | 跳跃与游戏 | 课时 | 第 7 课时 |
|---|---|---|---|---|---|
| 素养指向 | \multicolumn{5}{l|}{1. 运动能力:在挑战中能正确做出跳跃的动作并灵活运用。<br>2. 健康行为:在不同的状况下,进行自由结伴、合作挑战,选择合适且安全、有效的跳跃方法。<br>3. 体育品德:善于合作,乐于助人,敢于超越。} |
| 学习内容 | \multicolumn{5}{l|}{小马过河} |
| 学习重点 | \multicolumn{5}{l|}{灵活移动} |
| 学习难点 | \multicolumn{5}{l|}{起跳有力,跳下平稳} |

| 课堂结构 | 学练内容 | 组织教法与要求 ||| 运动负荷 |||
|---|---|---|---|---|---|---|---|
| | | 教师活动 | 学生活动 | 组织队形 | 次数/次 | 时间/分 | 强度 |
| 情境创设 | 课堂常规 | 1. 师生对话,宣布上课。<br>2. 检查服装,向学生问好。 | 1. 向教师问好,了解上课内容。<br>2. 进行自我检查。<br>3. 排除安全隐患。 | 队形:<br>○○○○○○<br>○○○○○○<br>●●●●●●<br>●●●●●●<br>★<br>要求:精神饱满,思想集中。 | 1 | | 小 |
| 问题导学 | 一、游戏热身<br>想一想,<br>创一创,<br>做一做。<br>二、集体热身活动:爱思考的小马 | 1. 小马故事情景导入。提问:小河里会有些什么呢?<br>2. 提问:岸边会有些什呢?<br>3. 播放音乐,组织并带领学生开展马步舞活动。 | 1. 学生想一想,学一学,创一创。<br>2. 继续大胆创想,并模仿尝试。<br>3. 小马徒步思考,学生认真模仿。 | 队形:<br>○<br>○○ ○<br>●●●●<br>●●●●<br>要求:积极体验,自主模仿。 | 4 | | 中 |

续表

| 课堂结构 | 学练内容 | 组织教法与要求 | | | 运动负荷 | | |
|---|---|---|---|---|---|---|---|
| | | 教师活动 | 学生活动 | 组织队形 | 次数/次 | 时间/分 | 强度 |
| 技能生成 | 小马过河 | 1. 组织移动小游戏练习。<br>2. 提问：小马怎样才能过河呢？<br>3. 引导学生尝试练习。<br>4. 提问：因河水水位上升，小马怎样过河呢？<br>5. 提问：水流很急，风很大时，怎样跳，身体才能保持平衡呢？<br>6. 比一比：哪一组跳得最稳？<br>7. 提问：小马背上的麦子不沾水，小马又该如何跳呢？<br>8. 比一比：谁运送的小麦多？<br>9. 巡回指导。 | 1. 小马尝试挑战练习新技术。<br>2. 学生想一想，各抒己见。<br>3. 学生尝试在体验中了解自己查找问题，解决问题。<br>4. 学生思考并尝试挑战。<br>5. 学生比赛，相互评价。<br>6. 学练跳跃移动的方法与技巧。<br>7. 赛一赛。<br>8. 学生评价。<br>9. 积极扮演角色，敢于挑战。 | 队形：<br>　○<br>　○○○<br>●●　●●●<br>●●　●●●<br>要求：积极动脑，大胆想象。<br>队形：<br>　○<br>　○○○<br>●●　●●●<br>●●　●●●<br>要求：协同配合，积极参与。<br>队形：<br>○○○○○○<br>○○○○○○<br>●●●●●●<br>●●●●●●<br>★<br>要求：听从指令，积极参与，认真完成。 | 6 | 7 | 大 |
| 应用迁移 | 小马智斗大鳄鱼 | 1. 讲解游戏规则与方法。<br>2. 评价。 | 赛一赛。 | | 2 | 2 | 大 |
| 体能提升 | 小马体能训练营 | 1. 组织学生进行四种不同的体能练习。<br>2. 组织学生评价。 | 1. 学生进行四种不同的体能练习。<br>2. 总结。 | | 4 | 8 | 大 |

077

续表

| 课堂结构 | 学练内容 | 组织教法与要求 | | | 运动负荷 | | |
|---|---|---|---|---|---|---|---|
| | | 教师活动 | 学生活动 | 组织队形 | 次数/次 | 时间/分 | 强度 |
| 身心放松 | 一、做放松操<br>二、师生共同小结<br>三、回收器材<br>四、布置课外作业<br>五、宣布下课 | 1. 音乐声中组织学生做放松操。<br>2. 与学生进行课堂小结。<br>3. 组织学生回收器材。<br>4. 布置课外作业。<br>5. 与学生说再见。 | 1. 积极参与放松。<br>2. 与教师进行课堂小结。<br>3. 整理器材。<br>4. 了解课外作业。<br>5. 与教师说再见。 | 组织：<br>○○○○○○<br>○○○○○○<br>●●●●●●<br>●●●●●●<br>★<br>要求：听从指令，积极参与，认真完成 | | 2 | 小 |
| 预计效果 | 练习密度：60%；平均心率：140—160次/分 | | | | | | |
| 场地器材 | 音响1个，每人1根短绳 | | | | | | |

### 水平二（三年级）
### 《妙用毛巾练体能》教学设计

一、指导思想

本课设计根据"健康第一"的指导思想，以体育课程水平二教学目的与内容为依据。以"增进健康，学会学习，提高体能"为主题，旨在通过新课程标准的引导下，以学生发展为中心，激发学生的运动兴趣，让学生自觉、主动地学会健体。根据三年级学生好动、好学的特点，设置相应问题，引导学生积极思考，给学生创设富有趣味性的课堂，使学生在玩中练、在练中学，让其体验到体育课的乐趣，促进其身心全面发展。

二、教材分析

本课取自水平二、三年级体能教学单元，这一单元的教材要求发展学生反应、灵敏、速度等身体素质。教学内容多样化、趣味化，在提高学生各项身体素质的同时，激发学生的学习兴趣，培养学生掌握多种体能锻炼的方法，为终身体育打下坚实的基础。

三、学情分析

三年级的学生正处于快速生长和发育的阶段；他们思想比较活跃，好胜心、模仿能力、表现的欲望和上进心都比较强,但是注意力不能持久,易分散,自制力也不是很好。因此,教师要依据学生的身心特点合理设计有效的教学方法。

四、重点和难点

重点:反应灵敏和迅速。

难点:团结协作,动作协调。

五、教法和学法

教法:本课主要采用情境教学法、问题导学法等,激发学生的学习兴趣,提高学生的核心素养。

学法:通过思考、自主、合作、探究等方式完成学练目标。

六、教学过程

热身游戏—"斗牛"游戏—"割韭菜"游戏—"抓尾巴"游戏—"蹦蹦床"游戏—"抬花轿"游戏—"十字象限跳接力"游戏—放松

七、安全预防

课前检查场地是否有杂物,对学生进行安全教育;课中做好充分的准备活动、放松活动,提醒学生注意安全,听从指挥。

八、课时计划

《妙用毛巾练体能》课时计划见表3-7。

表3-7 《妙用毛巾练体能》课时计划

| 学习阶段 | 水平二 | 单元 | 妙用毛巾练体能 | 课时 | 第2课时 |
|---|---|---|---|---|---|
| 素养指向 | 1. 运动能力:通过"斗牛""割韭菜""抓尾巴""蹦蹦床""十字象限跳接力"等游戏,发展学生灵敏性和速度,为发展专项运动技能提供基础保障,助力终身体育锻炼习惯的养成。<br>2. 健康行为:通过"学、练、赛、评"各环节,帮助学生掌握正确的健康知识,促进其健康行为的形成。<br>3. 体育品德:通过富有趣味的教学环节,增加学生对体育活动的热情,在活动中与同伴友爱互助,不怕困难,努力坚持学练,学会与他人良好沟通,提高人际交往能力。 | | | | |
| 学习重点 | 反应灵敏和迅速 | | | | |
| 学习难点 | 团结协作,动作协调 | | | | |

续表

| 课堂结构 | 学练内容 | 教师活动 | 学生活动 | 组织队形 | 运动负荷 次数/次 | 运动负荷 时间/分 | 运动负荷 强度 |
|---|---|---|---|---|---|---|---|
| 情境创设 | 课堂常规<br>1. 集合整队。<br>2. 师生问好。<br>3. 宣布本课学习内容。<br>4. 集中注意力练习：快找毛巾。 | 1. 集合整队。<br>2. 亲切问好。<br>3. 宣布本课学习内容。<br>4. 将学生按四种颜色分组，报出不同颜色，让学生迅速反应。 | 1. 快速集合。<br>2. 亲切问好，思想集中。<br>3. 认真听讲，明确任务。<br>4. 自我排除安全隐患。<br>5. 快速反应，找到对应颜色的毛巾，并站到相应位置。 | 队形：<br>○○○○○<br>○○○○○<br>●●●●●<br>●●●●●<br>★<br>要求：精神饱满，思想集中 | 1 | 1 | 小 |
| 问题导学 | 热身活动<br>1. 游戏：<br>① 抛不落<br>② 拍不落<br>③ 跑不落<br>2. 彩绳操 | 1. 创设"神奇的毛巾"情境，提出问题，引导学生进行游戏。<br>2. 带领学生做彩绳操。 | 1. 进入情境，思考问题，体验游戏的乐趣。<br>2. 跟随教师一起做彩绳操。 | 队形：<br>○○ ○○ ○○<br>○○ ○ ○○○<br>●● ●●●● ●●<br>●●●● ●●<br>★ | 1 | 4 | 中 |
| 技能生成 | 一、"斗牛"游戏<br><br><br>二、"割韭菜"游戏<br><br><br>三、"抓尾巴"游戏 | 1. 提出问题，引导学生将毛巾变成斗牛布，指导学生利用斗牛布和小伙伴玩一玩"斗牛"的游戏。<br>2. 提出问题，引导学生将毛巾变成收割机，指导学生利用收割机和小伙伴玩一玩"割韭菜"的游戏。<br>3. 提出问题，引导学生分角色玩"抓尾巴"的游戏。 | 1. 思考问题，与同伴一起进行"斗牛"游戏。<br><br>2. 思考问题，与同伴一起进行"割韭菜"游戏。<br><br>3. 思考问题，与同伴一起进行"抓尾巴"游戏。 | 队形：<br>●● ○○<br>●● ○○<br>●● ★ ○○<br>●● ○○<br>要求：充分想象，团结协作。 | 6 | 3 | 大 |

续表

| 课堂结构 | 学练内容 | 教师活动 | 学生活动 | 组织队形 | 运动负荷 | | |
|---|---|---|---|---|---|---|---|
| | | | | | 次数/次 | 时间/分 | 强度 |
| 应用迁移 | 一、"蹦蹦床"游戏<br><br>二、"抬花轿"游戏 | 1. 提出问题，并请一名同学帮助演示，让"糖果"跳蹦蹦床。鼓励学生让"糖果"跳得更高，连续跳的次数更多。<br>2. 思考问题，鼓励学生将"花轿"抬得又快又稳，激励学生合作，努力完成练习。 | 1. 思考问题，与同伴一起进行"蹦蹦床"游戏。<br><br>2. 思考问题，与同伴一起进行"抬花轿"游戏。 | 队形：<br>●● ○○<br>●● ○○<br>●● ★○○<br>●● ○○<br>●● ○○<br>要求：充分想象，团结协作。<br><br>队形：<br>●● ○○<br>●● ○○<br>●●→★→○○<br>●● ○○<br>●● ○○<br>要求：充分想象，团结协作。 | 4 | | 大 |
| 体能提升 | "十字象限跳接力"游戏<br>1. 两人一组进行十字象限跳+原地开合跳。<br>2. 四人一组进行十字象限跳+接力。 | 提出问题，引导学生积极学练。 | 思考问题，合作学练。 | 队形：<br>●● ○○<br>●● ○○<br>●●→★→○○<br>●● ○○<br>●● ○○<br>要求：充分想象，团结协作。 | 10 | 8 | 大 |
| 身心放松 | 一、利用毛巾来放松<br>二、师生共同小结<br>三、布置课外作业<br>四、宣布下课 | 1. 音乐声中组织学生利用毛巾进行放松。<br>2. 与学生进行课堂小结。<br>3. 组织学生回收器材。<br>4. 布置课外作业。<br>5. 与学生说再见。 | 1. 积极参与放松。<br>2. 与教师进行课堂小结。<br>3. 整理器材。<br>4. 了解课外作业。<br>5. 与教师说再见。 | 队形：<br>○○○○○○<br>○○○○○○<br>●●●●●●<br>●●●●●●<br>★ | 1 | 2 | 小 |
| 预计效果 | | 练习密度：70%；平均心率：140—160次/分 | | | | | |
| 场地器材 | | 杯垫40片，毛巾40条，标志盘20个，音响1个 | | | | | |

## 水平二（四年级）
## 专项运动技能《跳绳与组合》教学设计

一、指导思想

以《课程标准》为依据，坚持"健康第一"，落实"教会、勤练、常赛"，创设丰富多彩、生动有趣的游戏比赛情境，以问题为引领，利用信息技术整合教学，以自主、合作、探究的学习方式，让学生主动参与不同方式的跳绳学练，使学生享受运动的快乐，形成主动锻炼的意识，培养其积极进取、拼搏向上的精神和合作创新能力。

二、教材分析

跳绳是一项深受学生喜爱的中华传统体育类运动，本课内容是水平二四年级《跳绳》单元，学生在掌握单人跳法的基础上，参与和体验双人、三人、多人合作跳绳与组合，对发展学生的灵敏性、协调性和跳跃能力有着重要作用，同时也逐步提高学生的合作能力与创新能力。

三、学情分析

四年级的学生正处于快速成长和发育的阶段；他们思想比较活跃，好胜心、模仿能力、表现的欲望和上进心都比较强，但是注意力不能长时间集中，易分散，自制力也不是很好。因此，教师要依据学生的身心特点合理设计有效的教学方法。

四、重点和难点

重点：在不同形式中合作跳绳。

难点：学生合作跳绳的能力及灵活运用。

五、教法和学法

教法：本课主要采用情境教学法、问题导学法等，激发学生的学习兴趣，提高学生的核心素养。

学法：通过思考、自主、合作、探究等方式完成学练目标。

六、教学过程

问题导入—快乐绳操—不同形式的单人跳绳赛—自主体验双人合作跳绳—看视频学练不同方式的双人合作跳绳—三人原地及移动合作跳绳—多人合作跳绳挑战赛—体能练习—放松整理—课堂小结。

## 七、安全预防

课前检查场地是否有杂物,对学生进行安全教育;课中做好充分的准备活动、放松活动,提醒学生注意安全,听从指挥。

## 八、课时计划

《跳绳与组合》课时计划见表3-8。

**表3-8 《跳绳与组合》课时计划**

| 学习阶段 | 水平二 | 单元 | 跳绳与组合 | 课时 | 第4课时 | | |
|---|---|---|---|---|---|---|---|
| 素养指向 | \multicolumn{7}{l}{1. 运动能力:积极参与并能进行单人、双人、三人等不同方式的跳绳活动,感受跳绳的乐趣,学练体能,提高跳绳的知识和技能,能展示和比赛。<br>2. 健康行为:了解跳绳运动的相关知识和方法,将其运用于生活,在练习跳绳活动中能关注自己情绪的变化,积极与他人交往,适应环境的变化。<br>3. 体育品德:能按规则和要求参与,与同伴友爱互助,不怕困难,坚持学练。} | | | | | | |
| 学习重点 | 在不同形式中能够合作跳绳 | | | | | | |
| 学习难点 | 学生合作跳绳的能力及灵活运用 | | | | | | |
| 课堂结构 | 学练内容 | 教师活动 | 学生活动 | 组织队形 | 运动负荷 | | |
| | | | | | 次数/次 | 时间/分 | 强度 |
| 情境创设 | 课堂常规 | 1. 师生对话,宣布上课。<br>2. 检查服装,向学生问好。 | 1. 向教师问好,了解上课内容。<br>2. 进行自我检查。<br>3. 排除安全隐患。 | 队形:<br>○○○○○○<br>○○○○○○<br>●●●●●●<br>●●●●●●<br>★<br>要求:精神饱满,思想集中。 | 1 | | 小 |
| 问题导学 | 热身活动<br>1. 快乐绳操。<br>2. 不同形式的单人跳绳赛。 | 1. 带领学生一起做快乐绳操。<br>2. 组织学生进行不同形式的单人跳绳赛。 | 1. 与教师一起做快乐绳操。<br>2. 积极参与不同形式的单人跳绳赛。 | 队形:<br>○ ○ ○ ○<br>○ ○ ○ ○<br>× × × ×<br>× × × ×<br>△<br>要求:积极体验,自主模仿。 | 4 | | 中 |

续表

| 课堂结构 | 学练内容 | 教师活动 | 学生活动 | 组织队形 | 运动负荷 次数/次 | 运动负荷 时间/分 | 运动负荷 强度 |
|---|---|---|---|---|---|---|---|
| 技能生成 | 一、双人合作跳绳 | 1. 提问、引导并组织学生两人一组自主体验。2. 组织学生观看视频学练，巡回观察、个别指导。3. 组织学生展示。 | 1. 思考问题，合作体验。2. 认真观察视频，两人一组进行不同形式的合作跳绳活动。3. 积极参与展示和评价。 | 队形：<br>○○　　××<br>○○　　○○<br>××　　××<br>△<br>要求：合作体验，积极练习。 | 2 | 11 | 大 |
| | 二、三人合作跳绳 | 1. 组织学生观看视频，思考问题，了解方法和要求。2. 组织学生三人一组合作跳绳。3. 组织学生展示。 | 1. 认真观看视频，了解三人合作跳绳方法和要求。2. 三人一组进行原地及移动性跳绳活动。3. 积极参与展示和评价。 | 队形：<br>○○○　×××<br>○○○　○○○<br>×××　×××<br>△<br>要求：合作体验，积极练习。 | | | |
| 应用迁移 | 多人合作跳绳挑战赛 | 1. 组织学生观看视频，提出问题，了解比赛方法和规则。2. 组织学生多人合作跳绳挑战赛。3. 组织学生评价。 | 1. 认真观察，思考问题了解比赛方法和规则。2. 相互配合，遵守规则，积极比赛。 | 队形：<br>○○○○<br>××××<br>○○○○<br>××××<br>△ | | 5 | 大 |
| 体能提升 | 体能 | 1. 组织学生进行四种不同体能的练习。2. 组织学生评价。 | 1. 了解体能练习的方法。2. 积极练习。 | 队形：<br>○○○○<br>××××<br>○○○○<br>○○○○<br>××××<br>△ | | 8 | 大 |

续表

| 课堂结构 | 学练内容 | 教师活动 | 学生活动 | 组织队形 | 运动负荷 | | |
|---|---|---|---|---|---|---|---|
| | | | | | 次数/次 | 时间/分 | 强度 |
| 身心放松 | 一、放松操<br>二、师生共同小结<br>三、回收器材<br>四、布置课外作业<br>五、宣布下课 | 1. 音乐声中组织学生进行放松。<br>2. 与学生进行课堂小结。<br>3. 组织学生回收器材。<br>4. 布置课外作业。<br>5. 与学生说再见。 | 1. 积极参与放松。<br>2. 与教师进行课堂小结。<br>3. 整理器材。<br>4. 了解课外作业。<br>5. 与教师说再见。 | 队形：<br>○○○○○○<br>○○○○○○<br>●●●●●●<br>●●●●●●<br>★<br>要求：听从指令，积极参与，认真完成。 | 1 | 1 | 小 |
| 预计效果 | 练习密度：75%；平均心率：140—160 次/分 | | | | | | |
| 场地器材 | 短绳每人1根，音响1个 | | | | | | |

"兴趣导学，灵动课堂"是基于"以生为本、以学论教"的教学理念，遵循水平二学生的身心发展规律，以"兴趣导学，灵动课堂"教学模式为载体，以学生自主、合作、探究学习为重点的学习形式的高效课堂教学。在整个教学过程中，教师树立学生始终是认知主体和发展主体的思想，着力于"师教""生学"方式的转变，努力激发学生学习的内在动因，促进学生学习主体的回归和学习能力的提高，促进学生的主动发展和互助发展。

### 三、水平三"多样融合，灵动课堂"教学模式

#### (一) 概念

"多样融合，灵动课堂"教学模式主要是指教师运用各学科知识、技能，融合各学科优势，采用多样化的教学方式，促进学生身心发展，不断提高学生在复杂情境中的应变能力，从而使学生获得丰富的体验和最佳学习效果的一种融合式的教学模式。如何建构有意义的体育与健康课程"多样融合，灵动课堂"教学模式，是新时代推动教育变革和探索体育教学创新亟待思考的问题。灵动体育教学要发挥综合育人功能，"多样融合，灵动课堂"教学模式是重要抓手。灵动体育教学强调从"以知识与技能为本"向"以学生发展为本"转变，注重教学方式改革，加强体育与其他相关学

科的有机融合，建立学科知识、技能和方法的融合点，解决体育与健康问题，让学生在多样融合的教学模式中得到成长，促进学生全面发展。本模式主要适用于五、六年级的体育教学。

（二）特征

1. 综合性

学生面临着综合性问题，需要用多学科知识去解决。加强教学内容与学生经验、社会生活的联系，强化学科内容知识整合，统筹设计综合课程和跨学科主题学习。

2. 实践性

加强体育教学与生产劳动、社会实践相结合，充分发挥实践的独特育人功能。突出学科思想的学习，加强知行合一、学思结合，倡导"做中学""用中学""创中学"。之所以强调实践性，是因为实践活动有一定的育人价值。学生在进行实践活动的过程中会思考自己要解决什么样的问题，解决了这个问题会带来什么样的帮助。基于实践的学习强调问题的真实性，教师在进行教学设计的时候，不能随便去假设一个问题。

3. 开放性

学习情景开放、学习过程开放、学习结果开放。由于项目、学情、教师擅长的领域不一样，因而学生的学习情景、学习过程和学习结果都是可以开放的。在安排学生做学习任务的过程中，可以为学生规定好任务流程，也可以让学生自己做决定，但不能以单一的结果来评价学生。

4. 灵活性

"多维融合，灵动课堂"是灵动体育课堂具体规划、教师具体实施、学生具体完成的学校自主活动体系。

（三）依据

英国科学家汉弗莱在1981年最早提出跨学科主题教学概念。他认为，跨学科学习是指学生广泛地探索与他们生活环境中某些问题相联系的不同科目知识。在体育教育改革不断推进的21世纪，"跨学科主题教学"也被赋予了新的时代内涵和历史使命，为"多样融合，灵动体育"教学模式提供理论依据。随着"单学科知识传递"向"多学科知识建构"的转变，"多样融合"成为世界教育变革和社会发展创新的重要路径，但其研究侧重于理论层面，实证研究相对较少，导致理论研究与实践教学案例研究脱节。因此，目前"多样融合"仍未能构建完整的方法论体系。

(四) 原则

1. 贯彻核心素养导向，发挥教、学、评协同作用

21世纪以来，科学技术不断更新，社会问题日益综合化，单一学科知识已无法解决复杂的现实问题，这迫使学校教育必须从单纯教授学科知识的应试教育向培养学生核心素养的素质教育进行转变。而"多样融合，灵动课堂"作为落实课程育人要求的重要载体，其设置的学科逻辑、教学内容、学习路径和学业目标都要以素养为导向，服务于学生核心素养目标的达成。要落实核心素养导向，关键在于教、学、评都要围绕核心素养目标，保持一致性，发挥三者的协同作用。首先，要保证教与评的一致性，即教师要根据核心素养目标设计学生学习结果的具体表现形式，制定具有可操作性的评价标准，并在教学设计时体现评价标准。其次，要保证教与学的一致性，即教师要根据核心素养目标来设计学生的学习内容与学习过程，并在教学过程中适当地调整教学策略，以确保学生的学习进展与教师预期的教学目标相一致。最后，要保证学与评的一致性，即教师要根据学生的学习内容来制定评价内容，并根据评价标准对学生的学习表现做出全面、客观的评价。

2. 坚持学科立场，兼具跨学科特征

"多样融合，灵动课堂"的设置是对分科教学的补充、巩固和深化，而不是对分科教学的否定，也并未跳出学科框架，因此要坚持学科立场。首先，"多样融合"学习设置的课时占比和学科逻辑都表明"多样融合"不是学科学习的基础，而是对学科学习内容进一步展开不同形式的学习和应用，目的是促进学科学习能力的提升，以及将学科知识应用于具体场景的实践中，旨在培养学生整合多学科知识解决复杂现实问题的能力，因此只有学好每一门学科的知识与方法，才能更有效地开展"多样融合，灵动体育"课堂实践。其次，坚持学科立场意味着强调以本学科内容为主干，整合其他学科的相关知识，以有效避免"重过程经历，轻知识学习"现象，让学生在学习知识的同时发展能力。再次，坚持学科立场有利于明确实施主体，降低教师开展"多样融合，灵动体育"学习活动的难度，也更符合义务教育阶段学生的学情。最后，"多样融合"是跨学科主题学习的重要特征，因此在学习目标的确立、主题与内容的选取、学习路径的选择、学业质量的检测等方面都要具有跨学科特征，体现与其他学科的关联性。

3. 推进主题学习内容与教学方式的同步变革

落实"多样融合，灵动体育"学习活动既要突出主题学习内容的结构化程度，加强学科内容之间的关联性，又要推进教学方法的变革，体现学生中心理念。为此，教师要把握好本学科与相关跨学科之间的关系，以主题形式组织"多样融合"学习内容，强化主题内容的结构化程度，为学生进行深度学习奠定基础。同时，教师还要推进教学方法的变革，选择与主题内容相匹配的教学方式，注重多样化的教学路径，引导学生在自主、合作、探究的过程中达成核心素养目标，依据学生的学习需求和兴趣爱好，面向全体学生，落实"教会、勤练、常赛"要求，注重"学、练、赛、评"一体化教学。坚持课内外有机结合，指导学生学会基本运动技能、体能和专项运动技能，参与形式多样的展示或比赛。激发学生参与运动的兴趣，让学生体验运动的魅力，领悟体育的意义，发扬刻苦学练的精神，逐渐养成"校内锻炼1小时、校外锻炼1小时"的良好习惯。

（五）结构

"多样融合，灵动体育"基本结构为"融合激趣—融合导学—融合学练—融合迁移—融合体能—融合放松"（表3-9）。

表3-9 "多样融合，灵动体育"基本结构

| 环节 | 方法 | 目的 |
| --- | --- | --- |
| 融合激趣 | 视频、语言等导入 | 激发运动兴趣 |
| 融合导学 | 融合游戏活动、比赛等 | 活跃身心 |
| 融合学练 | 学练赛评、学科融合等 | 学练运动技能 |
| 融合迁移 | 展示、比赛等 | 技能延伸和拓展 |
| 融合体能 | 游戏、比赛等 | 发展体能 |
| 融合放松 | 放松、总结 | 放松身心 |

《课程标准》提出跨学科融合是学生提高运动能力、学习健康知识和传承中华优秀传统文化的重要方式和途径，这与"多维融合，灵动课堂"教学模式的理念是相一致的。灵动体育教学根据学生的身心发展规律、运动技能形成规律和课程的育人特点，在水平三（五、六年级）阶段重点通过多样化的教学方法融合、多样化的教学内容融合、多样化的学习方式融合三个方面进行教学，实现"跨得准确、整得自然、融得有效"，达到"育

体、育心、育人"的综合育人效果。以下三个案例分别阐述水平三"多样融合,灵动课堂"教学模式的具体运用。

 案 例 1

## 水平三（五年级）
## 《校园定向跑——跟着小美游昆山》教学设计

一、指导思想

落实新课标理念，面向全体学生，坚持课内外有机结合，指导学生学会专项运动技能，提供更多时间让学生进行充分练习，巩固和运用所学运动知识与技能，参与形式多样的展示或比赛，通过多维融合，激发学生参与运动的兴趣，让学生体验运动的魅力，领悟体育的意义。

二、教材分析

校园定向赛是提高学生协调性、灵敏性、耐力的重要活动。根据小学阶段水平三教材要求，发展耐力与灵敏能力是五年级教材中跑的重要内容，本节课通过多维融合的方式发展学生耐久跑能力。

三、学情分析

五年级学生善于模仿，对新生事物接受能力强，对新型运动项目比较有兴趣，要激励他们不断挑战自我、超越自我，以乐观积极的态度去面对困难和挫折。

四、重点和难点

重点：跑得轻松自然，呼吸节奏和跑的节奏相配合。

难点：合理分配体力。

五、教法和学法

教法：本课主要采用情境教学、跨学科教学等方法，激发学生的学习兴趣，提高学生的核心素养。

学法：通过跨学科主题学习等方式完成学练目标。

六、教学过程

通过"跟着小美游昆山"的情境进入课堂，激发学生的学练兴趣。以昆曲为开头，引导学生进行昆韵操热身，让学生更快地进入上课状态；串联情景，进行小组间的相互合作、比赛等练习耐久跑；在教学过程中，融合人文、数学、政治等知识进行教学，实现跨学科主题的学习；进行拉伸练习，增强学生的柔韧素质，播放歌曲让学生跟着教师进行放松。

## 七、安全预防

课前检查场地是否有杂物,对学生进行安全教育;课中做好充分的准备活动、放松活动,提醒学生注意安全,听从指挥。

## 八、课时计划

《校园定向跑——跟着小美游昆山》课时计划见表 3-10。

表 3-10 《校园定向跑——跟着小美游昆山》课时计划

| 学习阶段 | 水平三(五年级) | | 单元 | 校园定向跑 | 课时 | 第 4 课时 | |
|---|---|---|---|---|---|---|---|
| 素养指向 | 1. 运动能力:了解昆山的人文历史、风景美食,综合运用多学科知识,巩固耐久跑动作和方法,做到跑动自然,合理分配体力,呼吸节奏和跑的节奏相互配合。<br>2. 健康行为:跑步不说话,主动让行;跑完不停坐,踏步休息;通过比赛发展力量、耐力、灵敏度等身体素质,提高奔跑能力。<br>3. 体育品德:积极主动参与各项任务,能主动与同伴进行交流和合作,提高判断能力,增强合作意识,培养敢于吃苦、克服困难的精神和坚持不懈的意志品质。 | | | | | | |
| 学习内容 | 校园定向跑——跟着小美游昆山 | | | | | | |
| 学习重点 | 跑得轻松自然,呼吸节奏和跑的节奏相配合 | | | | | | |
| 学习难点 | 合理分配体力 | | | | | | |
| 课堂结构 | 学练内容 | 教师活动 | 学生活动 | 组织队形 | 运动负荷 | | |
| | | | | | 次数/次 | 时间/分 | 强度 |
| 融合激趣 | 课堂常规<br>1. 教师整队集合并检查服装,师生问好。<br>2. 情境导入,提出本节课的上课要求。 | 1. 师生问好。<br>2. 情境导入:跟着小美游昆山。 | 1. 师生问好。<br>2. 学生积极参与到情境中。 | 队形:<br>× × × × ×<br>× × × × ×<br>○ ○ ○ ○ ○<br>○ ○ ○ ○ ○<br>☆<br>要求:<br>1. 充满自信,精神状态好。<br>2. 站队做到快、静、齐。 | 1 | 1 | 小 |

续表

| 课堂结构 | 学练内容 | 教师活动 | 学生活动 | 组织队形 | 运动负荷 次数/次 | 运动负荷 时间/分 | 强度 |
|---|---|---|---|---|---|---|---|
| 融合导学 | 一、跟着地图来跑跳<br>二、跟着市长看昆山<br>三、跟着小美学昆曲 | 1. 通过游戏带领学生认识地图的方位。<br>2. 带领学生在跑动中了解昆山的美。<br>3. 教师跟随音乐带领学生做昆韵操。 | 1. 按要求进行游戏,做到前后不拥挤。<br>2. 跟着市长看昆山。<br>3. 做昆韵操。 | 队形:<br>× × × × ×<br>× × × × ×<br>○ ○ ○ ○ ○<br>○ ○ ○ ○ ○<br>☆<br>要求:迅速、整齐。 | 3 | 4 | 中 |
| 融合学练 | 一、跟着小美自主游昆山<br>二、了解一些昆山的人文景点特色,选择自己喜欢的景点说一说<br>三、打卡昆山景点,深度游昆山 | 1. 跟着小美来到昆山,组织学生自主游览一些景点。<br>2. 提问并组织学生团队游览各个景点。<br>3. 提示学生要根据自身团队能力选择深度游的景点。 | 1. 自主游览景点。<br>2. 积极思考,回答问题,练习跑动中的呼吸方法。<br>3. 进行加长距离的深度游。 | 队形:<br>☆ ☆ ☆ ☆ ☆ ☆<br>☆ ☆ ☆ ☆ ☆ ☆<br>△ △ △ △ △ △<br>△ △ △ △ △ △<br>★<br>要求:动作正确,配合好。 | 1 | 9 | 大 |
| 融合迁移 | 介绍祖冲之路的由来,了解祖冲之的成就,融合数学知识,了解圆周率,寻找圆周率 | 了解游戏规则和方法,分层教学,按照能力自主选择寻找圆周率小数点后多少位。 | 了解圆周率,能找到圆周率中的数字。 | 队形:<br>☆ ☆ ☆ ☆ ☆ ☆<br>☆ ☆ ☆ ☆ ☆ ☆<br>△ △ △ △ △ △<br>△ △ △ △ △ △<br>★<br>要求:动作正确,配合好。 | | 6 | 大 |
| 融合体能 | 体能大挑战跟着小美寻找昆山其他的景点、美食、人文特色等 | 1. 组织学生总结集齐情况,交流和总结深度游的景点。<br>2. 引导学生用各种体能练习的方式寻找昆山的其他美食、景点。 | 1. 总结集齐情况,用优美的语言讲解喜欢的景点。<br>2. 根据要求和规则进行体能练习。 | 队形:<br>☆ ☆ ☆ ☆ ☆ ☆<br>☆ ☆ ☆ ☆ ☆ ☆<br>△ △ △ △ △ △<br>△ △ △ △ △ △<br>★<br>要求:动作正确,配合好。 | 4 | 8 | 大 |

续表

| 课堂结构 | 学练内容 | 教师活动 | 学生活动 | 组织队形 | 运动负荷 | | |
|---|---|---|---|---|---|---|---|
| | | | | | 次数/次 | 时间/分 | 强度 |
| 融合放松 | 一、放松<br>二、总结<br>三、布置课外作业<br>四、回收器材<br>五、师生告别 | 1. 引导拉伸和放松。<br>2. 引导学生总结。<br>3. 布置课后作业：向家人介绍昆山的美。<br>4. 组织学生回收器材。<br>5. 与同学们说再见。 | 1. 跟随教师一起放松。<br>2. 与教师一起总结。<br>3. 认真听课后作业。<br>4. 配合教师整理器材。<br>5. 与教师说再见。 | 队形：<br>× × × × ×<br>× × × × ×<br>○ ○ ○ ○ ○<br>○ ○ ○ ○ ○<br>☆ | 1 | 2 | 小 |
| 预计效果 | 练习密度：75%；平均心率：140—160次/分 | | | | | | |
| 场地器材 | 昆山景点介绍牌9个，标志桶9个，圆周率牌2个，地图4张，贴纸若干，音响1个 | | | | | | |

## 水平三（五年级）

### 《小小消防员：多项运动技能的综合应用》教学设计

一、指导思想

坚持"健康第一"的指导思想，遵循"以学定教"的教学理念，以活动为载体，通过跨学科学习，让学生了解消防的相关知识，并在课堂上创设消防员执行任务的情境，让学生在活动中发展体能的同时，感受到消防员不畏艰难、英勇的精神，树立正确的人生观、价值观，增强爱国意识，引导学生在体育活动中综合运用体育、信息技术等知识和技能，有效落实"教会、勤练、常赛"。

二、教材分析

跑、跳等项目是水平三专项运动技能中的重要内容。根据小学阶段水平三教材要求，发展耐力与灵敏能力是五年级教材中跑的重要内容，本节课着重发展学生跑、跳等能力。通过教学，学生喜欢上体育运动。

三、学情分析

五年级学生的专项运动能力明显增强，对新生事物接受能力强，团队意识增强，喜欢挑战。因此，要激发学生不断挑战自我、超越自我的热情，以积极乐观的态度去面对困难和挫折。

四、重点和难点

学习重点：完成"灭火"和"救援"任务。

学习难点：与同伴合作，用合理的方式完成任务。

五、教法和学法

教法：本课主要采用情境教学法、跨学科教学法等，激发学生的学习兴趣，提高学生的核心素养。

学法：通过跨学科主题学习方式完成学练目标。

六、教学过程

情境导入—热身准备—灭火行动—救援行动—体能游戏—放松整理—课堂小结等。

七、安全预防

课前检查场地是否有杂物，对学生进行安全教育；课中做好充分的准备活动、放松活动，提醒学生注意安全，听从指挥。

八、课时计划

《小小消防员：多项运动技能的综合应用》课时计划见表3-11。

表3-11 《小小消防员：多项运动技能的综合应用》课时计划

| 学习阶段 | 水平三（五年级） | 单元 | 多项运动技能的综合应用 | 课时 | 第5课时 |
|---|---|---|---|---|---|
| 素养指向 | 1. 运动能力：能在"消防员灭火和救援"的各项任务中综合发展专项运动技能，做到动作合理、迅速；在提升灭火和救援本领的同时，发展灵敏、速度、力量、耐力等素质。<br>2. 健康行为：积极参与各项练习和比赛，做好充分的热身准备。在练习中学会观察，安全练习，能对自己和同伴的动作做出较为客观的评价，及时调控情绪，正确面对成败，充分享受运动的乐趣；了解日常消防和救援常识。<br>3. 体育品德：体验"消防员"身份，提升服从命令、不畏艰难、勤于学练、勇于挑战的品质；发展主动学习、探究学习和合作学习的能力；发扬克服困难、团结进取的精神。 ||||||
| 学习内容 | 多项运动技能的综合应用 |||||
| 学习重点 | 完成"灭火"和"救援"任务 |||||
| 学习难点 | 与同伴合作，用合理的方式完成任务 |||||

续表

| 课堂结构 | 学练内容 | 教师活动 | 学生活动 | 组织队形 | 运动负荷 | | |
|---|---|---|---|---|---|---|---|
| | | | | | 次数/次 | 时间/分 | 强度 |
| 融合激趣 | 课堂常规 | 1. 师生对话，宣布上课。<br>2. 检查服装，向学生问好。 | 1. 向教师问好，了解上课内容。<br>2. 进行自我检查。<br>3. 自我排除安全隐患。 | 队形：<br>○○○○○○<br>○○○○○○<br>●●●●●●<br>●●●●●●<br>★<br>要求：精神饱满，思想集中。 | | 1 | 小 |
| 融合导学 | 热身活动 | 1. 六个消防小队，坐"消防车"出警；举起灭火毯，按指令完成斜跨、爬行、滚翻等任务。<br>2. 提醒学生注意移动速度、彼此间距和动作的灵活性。 | 1. 合作完成"消防车"出警，热身时动作灵活，确保不碰撞，充分活动起来。<br>2. 能快速打开器材，根据指令完成跑跳、爬行、滚动等位移动作。 | 队形：<br>○ ○ ○ ○<br>○ ○ ○ ○<br>× × × ×<br>× × × ×<br>△<br>要求：积极体验，自主模仿。 | | 4 | 中 |
| 融合学练 | 灭火行动 | 一、赴汤蹈火<br>1. 一路纵队，以连续斜跨跳方式过障碍，到达终点后返回。<br>2. 以接力的方式完成任务。<br>二、纵横四海<br>全队排成一列横队，左右相邻，定时跑<br>三、前仆后继<br>两人一组，跑跳合作 | 1. 分组练习，以接力的方式依次出发，以斜跨跳方式过障碍，到终点后返回接力。<br>2. 积极有序完成各项任务。 | 队形：<br>○○   ××<br>○○   ○○<br>××   ××<br>△<br>要求：协同配合，认真学练。 | 4 | 12 | 大 |

续表

| 课堂结构 | 学练内容 | 教师活动 | 学生活动 | 组织队形 | 运动负荷 次数/次 | 运动负荷 时间/分 | 运动负荷 强度 |
|---|---|---|---|---|---|---|---|
| 融合迁移 | 救援行动 | 1. 创设"快速跑+跳过障碍+在冰面救人"的情境，讲解压强的知识点。<br>2. 播放视频，明确救援要求。<br>3. 组织救援。<br>4. 组织第二次救援。 | 1. 了解压强与接触面积之间的关系和在冰面救援的注意事项。<br>2. 观看视频，明确任务。<br>3. 开展救援。<br>4. 进行第二次救援。 | 队形：<br>○○○ ×××<br>○○ ○○○<br>××× ×××<br>△<br>要求：协同配合，注意安全。 | 1 | 6 | 大 |
| 融合体能 | 无人消防车——体能小游戏 | 1. 讲解示范"无人消防车"。<br>2. 组织学生进行各种体能练习。 | 1. 观看示范，明确练习的方式和方法，并且合作完成移动。<br>2. 进行体能练习。 | 队形：<br>○○○○<br>××××<br>○○○○<br>○○○○<br>××××<br>△<br>要求：协同配合。 | 4 | 8 | 大 |
| 融合放松 | 放松、点评 | 1. 在献给消防救援战士的《你好，蓝朋友》背景音乐下，带领学生做拉伸等运动，舒缓身心。<br>2. 组织开展消防知识抢答活动。<br>3. 点评和奖励学生的表现。<br>4. 布置体育作业。 | 1. 随着背景音乐跟着教师一起做，动作幅度大，充分拉伸各部位。<br>2. 通过消防知识抢答，进一步了解消防知识。<br>3. 进行自我评价和小组评价。<br>4. 明确体育作业。 | 队形：<br>○○○○○○<br>○○○○○○<br>●●●●●●<br>●●●●●●<br>★<br>要求：听从指令，积极参与，认真完成。 | 1 | 1 | 小 |
| 预计效果 | | 练习密度：75%；平均心率：140—160次/分 | | | | | |
| 场地器材 | | 6条可以首尾相接的无纺布，拍铃6个，视频资料若干，音响1个 | | | | | |

## 水平三（六年级）
## 《劳动最光荣——多种形式的运球》教学设计

### 一、设计思路

本课以《课程标准》为导向，坚持"健康第一"的指导思想。在教学中以学生为主体，充分发挥教师的主导作用，结合六年级学生的身心特点设计本课。教师巧妙安排跨学科主题——"劳动最光荣"，让体育与劳动相融合，创设情境，提高学生的运球能力，让学生在高涨的学习热情中达成教师预设的运动参与、运动技能、身体素质目标。

### 二、教材分析

运球是小学篮球教学的主要内容之一，是集奔跑、跳跃、投掷于一体的综合性运动。原地运球是篮球的基础技术之一，具有很强的实用价值。在教学中通过改变姿势的运球练习，激发学生的学习兴趣，重点掌握运球的手形和方法。

### 三、学情分析

六年级学生正处于成长发育的关键期，善于模仿，对新鲜的事物接受能力强，易于实现学习目标。但也存在个体差异，缺乏稳定性、持久性。在课堂教学中，既要激发学生的学习兴趣，以游戏、竞赛的学习方式，让学生学练技能，同时又要注意课堂常规，关注学生的安全问题，所以人球合一是本课的教学难点。

### 四、重点和难点

学习重点：多种运球的方式。

学习难点：全身协调的连续运球。

### 五、教法和学法

教法：本课主要采用情境教学法、跨学科教学法、游戏法等，激发学生学习兴趣，提高学生的核心素养。

学法：通过跨学科主题学习等方式完成学练目标。

### 六、教学过程

1. 准备部分：创设劳动情境，自编球操，快乐玩球引导学生以饱满的精神状态投入本课的学练中，组织学生跟随音乐的变化进行各种热身活动；熟悉球性，努力养成人球合一的安全意识。

2. 基本部分：创设劳动的多种情境，小组合作玩球，创设多种玩球方法，师生互动，激发学生的练习兴趣，增强学生的学习效果。复习原地运球，通过听口令、音乐节奏等多种复习方法，巩固动作要领。分别组织学生练习坐姿运球、跪姿运球、站姿运球、高低运球，让学生体验多种形式的运球，进行快乐大灌篮的游戏，让学生体会练习篮球的乐趣，从而发展学生的协调性、速度、耐力等，让学生尝试体验，挑战自我，不怕吃苦。

3. 结束部分：通过缓慢轻松的音乐进行肢体伸展的练习，师生相互交流学习感受，回收器材，教师布置课外作业，把体育锻炼延伸到课外，让运动成为学生的生活日常。

七、安全预防

1. 课前提示学生检查服装，摘除尖锐物品。
2. 选择平整地面作为场地，做好准备活动。
3. 设置合适的练习距离，循序渐进地进行教学引导。
4. 若学生在练习中感觉身体不适，应及时告诉教师。

八、课时计划

《劳动最光荣——多种形式的运球》课时计划见表 3-12。

表 3-12　《劳动最光荣——多种形式的运球》课时计划

| 学习阶段 | 水平三（六年级） | | 单元 | 多种形式的运球 | 课时 | 第 1 课时 | |
|---|---|---|---|---|---|---|---|
| 素养指向 | 1. 运动能力：知道并能做出多种形式的运球手型和动作。<br>2. 健康行为：通过多种形式的运球，提高控球能力及全身协调能力。<br>3. 体育品德：在合作运球中，乐于和同伴积极配合，友好相处。 | | | | | | |
| 学习内容 | 多种形式的运球 | | | | | | |
| 学习重点 | 多种运球的方式 | | | 学习难点 | 全身协调的连续运球 | | |
| 课堂结构 | 学练内容 | 教师活动 | 学生活动 | 组织队形 | 运动负荷 | | |
| | | | | | 次数/次 | 时间/分 | 强度 |
| 融合激趣 | 课堂常规<br>1. 集中整队。<br>2. 师生问好。<br>3. 宣布本课任务。 | 1. 向学生问好。<br>2. 创设劳动情境。<br>要求：语言清晰，声音洪亮，精神饱满。 | 1. 向教师问好。<br>2. 听教师宣布课的任务及要求。 | 队形：<br>○○○○○○<br>○○○○○○<br>○○○○○○<br>××××××<br>××××××<br>××××××<br>☆<br>要求：精神饱满，思想集中。 | 1 | 2 | 小 |

续表

| 课堂结构 | 学练内容 | 教师活动 | 学生活动 | 组织队形 | 运动负荷 | | |
|---|---|---|---|---|---|---|---|
| | | | | | 次数/次 | 时间/分 | 强度 |
| 融合导学 | 一、韵律球操<br>二、快乐玩球<br>1. 抱一抱。<br>2. 滚一滚。<br>3. 绕一绕。<br>4. 抛一抛。 | 1. 组织学生进行劳动模仿操练习。<br>2. 带领学生快乐劳动。 | 1. 在老师组织下积极参与劳动模仿操。<br>2. 在老师引导下快乐劳动（玩球）。 | 队形：<br>〇〇〇〇〇〇<br>〇〇〇〇〇〇<br>××××××<br>××××××<br>☆<br>要求：积极体验。 | 4 | | 中 |
| 融合学练 | 一、松土<br>坐姿运球<br>二、耕田<br>1. 跪姿运球。<br>2. 站姿运球。<br>3. 高低姿运球。<br>三、播种<br>创编多种形式的运球组合 | 1. 创设劳动情境，示范坐姿低运球动作，组织学生体验动作。<br>2. 创设劳动情境，示范单膝跪姿运球动作，组织学生体验跪姿运球。<br>3. 组织学生练习各种形式的站姿运球。<br>4. 带领学生练习高低运球。<br>5. 创设劳动情境，组织学生创编多种形式的运球组合，组织学生评价。 | 1. 了解情境，在教师的带领下练习坐姿运球。<br>2. 了解情境，在教师的带领下练习跪姿运球。<br>3. 在教师带领下集体进行各种形式的站姿运球。<br>4. 进行各种形式的高低运球。<br>5. 了解劳动情境，分组创编多种形式的运球组合，并参与评价。 | 队形：<br>〇〇　　××<br>〇〇　〇〇<br>××　　××<br>△<br>要求：认真学练。 | 2 | 10 | 大 |
| 融合迁移 | 3V3快乐篮球赛 | 创设劳动情境，组织学生进行3V3快乐篮球赛。 | 了解劳动情境，分组比赛。 | 队形：<br>[▭]<br>要求：协同配合。 | 2 | 6 | 大 |

续表

| 课堂结构 | 学练内容 | 教师活动 | 学生活动 | 组织队形 | 运动负荷 次数/次 | 运动负荷 时间/分 | 运动负荷 强度 |
|---|---|---|---|---|---|---|---|
| 融合体能 | 快乐的小农民体能打卡<br>1. 钟摆跳打卡。<br>2. 交叉跳打卡。<br>3. 开合跳打卡。<br>4. 移动跳打卡。 | 1. 教师讲解、示范练习方法。<br>2. 组织学生进行不同形式的体能练习。 | 1. 看示范，听讲解。<br>2. 积极参与不同形式的体能打卡小游戏。 | 队形：<br>○○○○○○<br>○○○○○○<br>××××××<br>××××××<br>☆<br>要求：积极参与。 | 4 | 8 | 大 |
| 融合放松 | 1. 放松：音乐拉伸操。<br>2. 总结本课。<br>3. 布置课后作业。<br>4. 回收器材。<br>5. 宣布下课。 | 1. 带领学生做放松活动。<br>2. 与学生一起总结本课。<br>3. 布置课后练习。<br>4. 组织学生回收器材。<br>5. 与学生说再见。 | 1. 在教师的带领下放松。<br>2. 认真回顾，积极发言。<br>3. 了解课后作业内容。<br>4. 回收器材。<br>5. 与教师说再见。 | 队形：<br>○○○○○○<br>○○○○○○<br>××××××<br>××××××<br>☆<br>要求：身心放松。 | 1 | 1 | 小 |
| 预计效果 | 练习密度：75%；平均心率：140—160 次/分 | | | | | | |
| 场地器材 | 篮球场1个，篮球每人1个，音响1个 | | | | | | |

"多样融合，灵动课堂"从打破学科边界，在学科属性相通、学习规律及学习方式相融的情况下，遵循水平三学生的身心发展规律，以"多样融合，灵动课堂"教学模式为载体，采用多种教学方式和方法，以满足水平三学生的需求和兴趣，提高该水平段学生的学习积极性，增强其学习效果。

世界上没有万能的教学模式。因为教学过程主要是由教师、学生和教学内容三个基本要素组成，教师的教学理念、教学态度、教学能力，学生的学习态度、知识结构、技能水平都会对教学模式产生巨大的影响，而教学内容也是教学模式选用中一个不可忽略的重要因素，没有一种教学模式适用于所有的教学内容。因此，固定的教学模式在课堂教学中是违背常识的。

教学模式对教师的教学指导价值在于示范,而不在于规范。反映出一所学校、一位教师对课堂教学价值的定位和理解,而示范的东西是可以模仿的,模仿是创新的起点,模仿的终极在于创新。

当教师完成了对模式的调整、修正、完善、优化,就能走出模式这个"套路"的限制,在新理念、新思想、新方式的基础上,展现自己的教学风格和特点,让自己的课堂"脱胎换骨",使课堂教学充满灵动。

## 第三节 实施策略

在新一轮课程改革中,教师面临的首要问题是如何认识新课程并最终实践新课程。在这个过程中,教师必须从自己的实际情况和客观条件出发,根据课程改革的目标,不断调整个人的教学习惯、行为方式、角色定位、教学策略等,最终使自己的教育教学行为落实到学生的个人发展上。在这个过程中,我们要把新课程教学研究的立足点放在学校,建立以课改中的各种具体问题为研究对象,以教师为研究主体,以促进学生健康发展和教师专业化成长为宗旨的研究制度。

实施新课程,关键在教师,重点在课堂。我们开展灵动体育教学的研究,应把教师的培训与科研、教研融为一体,赋予校本研究新的内容,将立足点放在解决课改实践中所遇到的实际问题上,将着眼点放在新课程理念与教育教学实践的结合上。灵动体育教学的开展旨在促进学校的发展,增强学校的教学研究能力,形成自我发展、自我提升、自我创新、自我超越的内在机制,使学校成为真正意义上的学习化组织。

美国学者菲尔德豪森曾经提出十项创造性教学策略:支持并鼓励学生提出创新的想法;以失败作为实际的教材案例;适应学生的个别差异;允许学生有时间思考;创造师生间、同学间相互尊重和接纳的氛围;意识到创造力的多面性;鼓励发散性学习活动;倾听学生的心声,并和他们一起欢笑;允许学生选择并参与决策;鼓励每个学生都参与。这对建构灵动体育教学,推行主动、互动、能动的学习,具有重要的指导意义。

### 一、激情引趣,"灵身"主动

灵动体育教学需要教师躬身行动,要真正让儿童活跃起来和灵动起来,保障他们运动的机会。体育教师应遵循以学生为本的现代教育价值观,让体育走进学生生活,激发学生的运动兴趣,提高学生参与体育锻炼活动的积极性,促进学生主动参与学习,让学生的身体变得更灵活。具体可以从以下两个方面入手。

1. 情境创设

学生是学习的主体,要让他们具有学习主体意识,产生兴趣,主动参与课堂活动。从体育教学需要出发,教师从课堂伊始就引入、创造与教学内容相适应的具体情境或氛围,激发学生的学习热情,寻求学生的兴奋点,帮助学生迅速进入学习中。以下面的案例为例。

将放风筝融入跑步教学。教师播放歌曲《春天在哪里》,引出春天到来万物复苏的情境,带领学生用身体动作模仿各种动植物(如鸭子、螃蟹、花朵等)在春天的状态,初步激活身体。随后,结合古诗《村居》中的"草长莺飞二月天",配合身体动作进一步热身,从蹲姿双手合十开始,模仿小草慢慢生长、破土而出的过程,由蹲姿到起立,双臂打开进行全身伸展活动,随即做双手张开上下摆动并小碎步跑的动作,模仿黄莺快乐飞翔;"拂堤杨柳醉春烟",模仿杨柳枝随春风轻轻摆动,活动髋关节;"儿童散学归来早"双手扶肩小跳步,在场地内与同伴相互打招呼,活动下肢;"忙趁东风放纸鸢"背诵此句诗的同时做小碎步,当背诵到"放纸鸢"时做原地侧压腿、手拉线的定格动作。教师领做一遍后,学生再自己边背诵边做相应动作。借助古诗《村居》描述的情境营造更加贴近课堂需要的场景氛围。

2. 活动热身

热身运动作为体育活动的重要环节,又称"准备运动",指在身体活动之前,以较轻的活动量,先行活动肢体,为随后更为激烈的身体活动做准备。目的是提高随后体育运动的效率及激烈运动的安全性,同时满足人体在生理和心理上的需要。把趣味性与安全性结合起来,根据教学内容、学生具体情况和场地设施,设计形式多样、适宜开展的热身运动,改善教学的形式,提高学生的学习兴趣。下面以体育课热身活动徒手操为例。

体育课的热身活动是徒手操,每节课"雷同"的热身动作往往会让学

生失去兴趣。此时，可将学生熟悉的、富有生活气息的动作加入徒手操，营造生活情境，如模仿"给自行车打气（做原地蹲起）"等；串联"打乒乓球、打羽毛球、打排球、打篮球、跳绳、踢毽子、游泳、滑冰"等徒手模仿运动的动作练习；串联"小鸭子走路、小兔跳、老鹰飞"等模仿动物行为的动作练习等。这种以日常生活题材为载体进行的动作练习，有利于学生保持情绪高涨的练习状态。

## 二、问题导向，灵思互动

以问题为导向，指导学生解决学习中存在的困境，引导学生由表及里，探究问题的最深处，直达问题本质，鼓励学生积极体验，在学习中和同伴分享自己对动作技术的理解，深度思辨，引导学生合作学习，互相促进、思想碰撞，在相互交流、学习中提升能力。具体可以从以下两个方面入手。

### 1. 尝试体验

体育运动属于人类的生存本领，它来源于生活，学生对其有着较深刻的生活体验和经验性认知，于是在学练初期的教学设计环节则应以学生的思考、体验为主。以《快速跑技术练习与运用》一课为例。

《快速跑技术练习与运用》一课，在动作技术学练之前，教师首先提问："同学们，快速跑作为生活中常用的运动技能，你们认为怎么才能跑得更快？"在学生思考时，教师再次提问并布置练习："快速跑如何才能跑得更快？请同学们带着这个问题，进行两次完整的体验性练习。"教师的发问促使学生在练习前开动脑筋，使其对动作技术有了一定的认识，并在后续的学练中，有效激发其能动性。学生体验完整的练习后，每个人都有自己的答案，教师随机向几名学生提问，学生立即回答，教师简单评价后，继续引领练习："这个问题是没有标准答案的，请同学们继续进行完整性体验练习来验证自己的答案。"个体的经验与认知是有差异的，对初期动作技术学练阶段的学生来说，每个人对动作技术要点的体悟是不一样的，只有给学生多维度、宽视角的思考和体验才能带领学生进行独立的思考。

### 2. 互动探究

将学生个人的思考融入小组的大讨论之中，在个人对动作的理解基础上，通过小组间的商讨与探究，进行思维碰撞，培养学生的高阶思维能力和水平。下面以《快速跑技术练习与运用》一课为例。

《快速跑技术练习与运用》一课，在学生自主体验的基础之上，教师下达任务："请同学们带着自己的答案，由本小组组长带领，对'快速跑如何才能跑得更快？'这一问题进行集中商讨，并将本小组集体讨论出的答案写在任务单上，两分钟之后以小组为单位进行练习，以此来验证自己小组商讨的答案。"这是小组第一次集中商讨和探究，随着学生思考的深入、技术动作的多次练习，其对快速跑动作技术要点也有了更高层次的认识，于是继续发挥小组合作探究的优势，分别进行第二次、第三次小组集中探究式思考与讨论。

### 三、多元整合，灵活生动

学生需要在大量的练习中提高技术并掌握技能。传统的体育教学，注重如何去"教"，而忽视学生的"学"，使体育课堂教学效果大打折扣。灵动体育注重学生深度学练，开展多样化教学，实现体育与其他学科的融合，促使体育课堂更加灵活和生动。具体可以从以下两个方面入手。

1. 学练结合

将"学"与"练"结合，让学生在"学"中获取知识与技能，在"练"中巩固学习成果，在边学边练中，由易到难、循序渐进地掌握体育运动的动作核心要领，有效提升训练效果，增强体育技能。下面以《篮球原地单手肩上投篮及组合》一课为例。

《篮球原地单手肩上投篮及组合》一课，将"学"与"练"结合起来，教师首先为学生示范和讲解动作的技术要领，包括单手持球的方法、投篮时的姿势、发力的部位、身体的控制等，让学生形成基本的认知。接着，教师组织学生两人一组，面对面练习和模仿教师的动作，在练习过程中相互观察，找出对方的错误与不足，加深对技能和知识的记忆，并尝试应用。然后，教师引导学生以小组为单位，相距3~4米开展持球对投练习，让学生借助实物，进一步体会投篮的手法和身体的协调配合。教师从旁指导，用语言提示动作要点"抬肘、伸臂、压腕"等,对学生的动作进行纠错,让学生在反复练习中巩固技能。

2. 多元整合

打破学科界限,从尊重学生兴趣爱好和学习基础出发,从其日常生活中选取学习素材,转化为涉及多学科的学习内容,形成关涉多学科知识的学习活动,并且重视通过"做中学",即探究学习,发展核心素养。下面以《多种方式的投掷轻物练习》一课为例。

《多种方式的投掷轻物练习》一课,根据学生喜爱模仿的特点,设置"环保卫士"主题,让学生扮演环卫工人,收集废旧报纸,改造报纸为纸球练习投掷,回收废旧报纸,实现垃圾利用,结合课堂学练创作一幅描绘环卫工人劳动的作品,从而整合体育、美术、劳动教育等学科知识,发展学生投掷能力、创造美的能力,养成劳动习惯、环保意识。

## 四、迁移运用,灵性能动

灵动体育课堂以技术教学为主线,以技能和体能发展为核心,以实际运用为最终追求的目标,凸显学生全面发展的核心理念,并在"动"中形成内在能力的提升,培养学生的灵性。

1. 实际运用

让运动技术变成一种能力,可以促进学生对技能的掌握和提高,而且能让学生清晰地了解运动技能在游戏活动、特殊情境比赛中如何学以致用,并促使学生养成终身运动的习惯。下面以《体前变向换手运球与运用》一课为例。

《体前变向换手运球与运用》一课,为了让学生更好地将体前变向换手运球的技术运用到实践中,教师在上课的时候组织学生进行组合练习。其一,变向换手过标志桶练习和连续过标志桶练习。其二,两人一组防守队员的消极防守练习。其三,3V3篮球比赛。让学生在实战中运用技术,增强课堂的趣味性,加快学生对技能的掌握和提高。当运动技术变成一种能力,它就会促使我们养成终身运动的习惯。

## 2. 体能提升

如果用金字塔来比喻，运动体能就是金字塔的塔底，而运动技术就是金字塔的塔尖；从运动本身的发展来看，运动体能是运动技能的前提和基础。例如，足球、篮球、网球和羽毛球运动被称为世界上最具体能要求的四大项目，没有体能来支撑技能，技能就只是花拳绣腿。"三分技能，七分体能"，体能训练是保障，需要与技术性动作相结合。下面以篮球教学为例。

在篮球上练习体前变向换手运球时，可以在该课的准备阶段加入增强学生体能的篮球步伐练习，比如交叉步跑、侧滑步、后退跑、并腿跑等。运用丰富的脚步移动练习，让学生感受到篮球运动的乐趣；也可以在学习运球技术前，在课堂上运球来回跑，练习运球急停急起、运球过障碍物、运球变向等不同的运球技术，以锻炼学生的体能，为接下来的篮球动作技术的传授打下坚实的体能基础。

### 五、价值引领，灵魂触动

灵动体育教学以促进学生核心素养的培育为根本，落实立德树人根本任务和"健康第一"的教育理念，突出学科育人功能，促进学生身心健康、体魄强健、全面发展。触动灵魂是灵动体育教学的最高境界，以"育体""育心""育人"促进学生逐步形成正确的价值观。

#### 1. 调整身心

放松是体育课不可或缺的一部分，有助于恢复身体、达到平衡的状态，避免运动过程中的紧张和疲劳。体育教师要创造一个积极、轻松和愉快的氛围，经常更换放松的形式和内容，从而让学生有效消除身心疲劳，圆满完成教学任务。以体操类项目为例。

体操类项目主要由队列队形内容和技巧类项目组成。队列队形内容的特点是运动量不大，趣味性不强，容易使学生产生厌倦感。因此，选择放松内容时需关注学生的心理感受，可采用游戏提高学生对体育课的兴趣，或在动感音乐伴奏下集体跳舞,让学生在享受优美旋律的同时培养对体育课的兴趣,教师可以用冷笑话或风趣幽默的话做总结,缓解学生的心理疲劳,达到身心放松的最佳效果。技巧类项目有较高的技术含量,对力量、柔韧、协调等身体素质有一定的要求,且学习内容相对比较枯燥,运动量并不是很大。放松时,可采用一些有针对性的按摩,如在练习垫上练技巧后,可针对颈部、背部进行按摩,使僵硬的肌肉得以放松。还可以进行一些运动量小的游戏,如"石头、剪子、布",活跃课堂气氛,使学生身心都得到放松。

2. 以体育人

体育具有重要的育人功能。教师在实施体育教育过程中要紧紧围绕核心素养,根据学生的实际情况和需求,结合教学内容,灵活运用不同的教学方法和手段,注重对学生团队合作意识、规则意识、挑战自我意识等方面的培养,潜移默化地引导学生形成正确的价值观、必备品格和关键能力,培养学生的运动能力、健康行为和体育品德,促进学生全面发展。以体育课堂为例。

在篮球课上,将学生们分成几个小组,进行比赛。比赛结束后,引导学生们进行反思和分享,让他们认识到团队合作的重要性,以及在比赛中如何更好地发挥自己的优势,为团队做出贡献。同时,还强调了分享和互助的重要性,让学生们在实践中体验到分享和互助的重要性。在足球课上,先向学生们介绍了比赛规则和安全注意事项,然后组织学生们进行比赛。在比赛中,不断提醒学生们要遵守规则、尊重对手,不要犯规或者恶意伤害对手。同时,鼓励学生们在比赛中发挥自己的优势,享受比赛的过程。在田径课上,安排了一系列的跑步项目,包括短跑、长跑、跳远等。在学生们跑步时,不断鼓励他们挑战自我、克服困难,不要轻易放弃。同时,还要根据每个学生的不同情况,为他们制订个性化的训练计划,帮助他们更好地提高自己的成绩。

要使课堂充满灵动,策略有很多,但总体思路是要让学生成为学习的主人。在体育教学过程中,教师要发挥自己的教学智慧,处理好生成和发展的课堂,积极实施灵动体育课堂教学策略。

## 第四节 教学评价

传统的教学评价主要通过价值指标和事实判断形成价值判断。灵动体育评价既是体育教育工作与体育教育效果的连接点，也是体育教育工作与体育教育价值的连接点。教学评价是依据教学目标对教学过程及结果进行价值判断并为教学决策服务的活动，是对教学活动现实或潜在的价值做出判断的过程。教学评价一般包括对教学过程中教师教学工作、学生学习效果、教学内容、教学方法和手段、教学环境、教学管理等多种因素的评价，但主要是对学生学习效果的评价和对教师教学工作过程的评价。

体育与健康课程学习的评价是通过系统收集学生的课内体育学习态度与表现、课外体育锻炼情况与成效、健康行为等信息，依据学业质量标准对学生所反映的核心素养水平及体育与健康课程学习情况进行判断和评估的活动，是不断完善课程建设的重要环节和途径。灵动体育课堂通过多样化的学习评价，给学生带来积极的、正向的影响，促使灵动体育课堂更加贴近时代、贴近生活、贴近学生，真正实现教学相长。

### 一、多样化学习评价的价值

《课程标准》明确指出，教师要通过多样化的学习评价，促使学生达成课程目标，发展学生核心素养。学习评价既是促进学生学习的重要手段，也是引导课堂教学的重要工具。灵动体育课堂依据新课标理念、课程目标及学情确定学习评价目的和评价内容，有针对性地开展有效的学习评价活动，为促教、促学服务，为实现课程育人的目标提供依据。多样化学习评价是灵动体育课堂建设的重要环节和途径。为什么评、评什么、怎么评，事关学生的进步与发展。

核心素养是党的教育方针的具体化，反映新时代培养人的目标和要求，体现课程育人导向。核心素养的提出，为推动教育改革纵深发展提供思路和实践抓手。其中，多样化学习评价不仅是体育与健康课程教学改革的关键，也是体育与健康课程教学高质量发展的重要牵引。

## 二、多样化学习评价的原则

灵动体育课堂的多样化学习评价必须遵循发展性原则、科学性原则、客观性原则、全面性原则和可行性原则。

### 1. 发展性原则

发展性原则是指灵动体育课堂的多样化学习评价要立足于学生的全面发展，学习评价不是目的，而是灵动体育教学过程的一个重要环节，也是改进教学、促进学生发展的手段。发展性原则是灵动体育课堂多样化学习评价中最重要的原则，它体现了灵动体育课堂评价目的的根本要求和新课程背景下体育与健康课程评价的本质特征。具体来说，发展性原则有以下要求：

（1）通过评价对学生的体育与健康课程学习和体育核心素养的发展从宏观上给予方向性的引导。评价在很大程度上起着"指挥棒"的作用，用什么标准来衡量学生直接影响着学生努力的方向。在应试教育以考试作为评价唯一手段的教育现状下，我们培育出了一批"重智轻德""高分低能""片面发展"的学生。要实现学生的全面发展，我们的教学评价必须以发展性原则为指导，坚持核心素养导向的多样化评价。

（2）通过形成性评价和诊断性评价，对学生体育与健康课程学习和体育核心素养的发展给予微观上的指导。多样化学习评价通过对学生的学习过程、实践能力、创造能力和素质发展进行价值判断，使学生及时把握自己的学习情况和品德发展状况，将自身实际情况与发展目标进行对比分析，在评价中不断认识自我，发展自我，完善自我，优化自我素质结构，自觉地克服缺点，发扬优点，逐步实现不同层次的发展目标。

（3）通过学习评价激发学生内在的发展需要。发展性原则要求注重过程与未来，并充分关注不同学生的个性发展。因此，在确定目标时，要针对不同学生及不同发展阶段制定不同的阶段性目标，从生理特点、心理特征、兴趣爱好等各个方面确定阶段性目标，正确地判断每个学生的不同特点和发展潜力，为学生提出适合其发展的、有针对性的具体建议，从而激发学生的内在需要和发展动力。

发展性原则还要求我们在评价中避免两种倾向：一是把评价当作单纯的管理手段和对学生进行管理、压制的工具，不仅没有实现促进学生发展的目的，反而束缚了学生的发展；二是把评价作为选拔学生的依据，忽视了学生体育核心素养的提高和全面发展。新课程改革的理念要求把评价过程变成教育过程，充分发挥评价的导向、诊断、激励与发展功能。

2. *科学性原则*

科学性原则不仅指灵动体育课堂评价目标、标准的科学化，还包括评价程序、评价手段和对评价信息处理的科学化。

灵动体育课堂的多样化学习评价的科学性原则有以下要求：其一，坚持实事求是的科学态度。在认识评价对象时要以其行为表现和发展为事实依据，不主观臆断或弄虚作假。其二，确立科学的评价目标。要根据学生全面发展、全员发展的要求制定出具体的教学目标，并科学排序，使评价目标系列化。其三，制定科学的评价体系。要从教学的实际出发，经过调查研究，以教学目标体系为依据，确立综合衡量学生学习效果的评价指标体系。其四，设计科学的评价程序。从制订评价计划、进行调查了解、收集资料、分析整理资料到做出评价结论和进行信息反馈，都应精心安排与设计。其五，选用科学的评价方法。不仅关注学生学习评价的结果，更要重视过程，把形成性评价与终结性评价、定量评价与定性评价结合起来；综合考量学生原有的基础和现实发展水平；既要看学生客观的发展结果，又要看其主观努力程度。其六，要全面、系统、科学地评价教学质量。

3. *客观性原则*

客观性原则是指开展灵动体育课堂多样化学习评价时必须采取客观的实事求是的态度，做到公正、公平，能够对学生进行客观的价值判断，而不能凭主观臆断或掺杂个人的感情色彩。学习评价如果缺乏客观性，就失去了评价的意义，还会提供虚假的信息，导致教学决策的失误。灵动体育课堂的学习评价客观性原则要求评价标准客观、评价方法客观、评价态度客观。这就要求学习评价坚持实事求是的科学态度，以科学、可靠的方法，取得真实的数据资料，以客观存在的事实为基础，实事求是、公正严肃地进行评价。

4. *全面性原则*

全面性原则是指在进行多样化学习评价时，要对组成教学活动的各个方面进行多角度、全方位的评价，而不能以点代面，以偏概全。教学过程由多种要素构成，教学效果是由多种要素综合作用的结果。因此，进行多样化学习评价，必须树立全面的观点，进行全面的检查评定。灵动体育课堂多样化学习评价贯彻全面性原则，主要有以下具体要求：其一，评价标准要全面，评价指标包括教学目标的各项内容。对学生的评价，不仅要看知识的掌握情况，也要关注学生能力的发展情况、情感态度价值观的养成情况，要进行综合的整体评价。其二，收集的评价信息要全面，听取多方面的意见，收集各方面的信息，为分析判断和得出正确结论提供充足的依据。其三，评价手段要全面，要把定性评价与定量评价结合起来，把分数评价、等级评价和语言评价结合起来。

5. 可行性原则

可行性原则是指灵动体育课堂多样化学习评价既能促进学生发展，又要具有可操作性，切实可行。灵动体育课堂多样化学习评价贯彻可行性原则，主要有以下具体要求：其一，评价标准和指标的制定要从实际出发，既要符合思想政治课程标准的统一要求，又要充分体现本校、本班学生的实际情况。其二，评价标准的水平要求要适中，不能过高或过低，这样才能发挥评价的激励作用，达到以评价促发展的目的。其三，评价指标体系既要全面完整，又要简明具体、实用易行，使评价项目能看得见、想得到、抓得住，容易为评价对象理解和接受。其四，评价的组织实施力求简单高效，避免复杂和烦琐。

## 三、多样化学习评价的方法

根据评价目的与评价内容，针对学生的身心特征，采用多样化的评价方法，关注过程性评价、表现性评价和终结性评价，合理运用资源探索增值性评价，落实综合评价，充分发挥评价的诊断、反馈、激励和导向等作用，促进学生有效学习。

1. 过程性评价

过程性评价是一种动态的评价方式，它关注学生在学习过程中的表现和发展，而不仅仅是学习的结果。过程性评价以一段时间为周期，结合课内、课外制定的评价内容进行评价，以一年级第二学期4周学练后的过程性评价为例，设计灵动体育教学过程性评价单（表3-13）。

表 3-13　灵动体育教学过程性评价单

| 周期 | 第 5—8 周 | | 姓名 | |
|---|---|---|---|---|
| 等级 | 课内表现情况 | | | 课外练习情况 |
| 优秀 | 运动能力：积极主动参与各种学练活动；能熟练说出学练中的运动、游戏名称及运动术语，并与同伴积极交流。<br>健康行为：愿意与同学合作参与比赛，帮助同学；练习中知道安全的重要性，并掌握安全避险的方法。<br>体育品德：遵守比赛规则，挑战自我，敢于展示动作。 | | | 每周进行 5 次跳绳练习。 |
| 良好 | 运动能力：参与学练活动；能说出学练中的大部分运动、游戏名称及运动术语，并与同伴进行交流。<br>健康行为：能与同学合作参与比赛，互相帮助；练习中知道安全的重要性，并掌握安全避险的方法；<br>体育品德：基本上能遵守比赛规则，在教师的鼓励下能尝试进行动作的展示。 | | | 每周进行 3 次跳绳练习。 |
| 合格 | 运动能力：在教师的引导和同伴的鼓励下，参与各种学练活动；能说出学练中的运动、游戏名称，并与同伴交流。<br>健康行为：在教师的引导下，尝试与同学合作参与比赛；练习中知道安全的重要性，并掌握安全避险的方法。<br>体育品德：在教师的引导下，基本上能遵守比赛规则，完成比赛，建立自信心。 | | | 每周进行 2 次跳绳练习。 |

2. 表现性评价

表现性评价侧重于评估学生在实际情境中应用知识和技能的能力，以及创造力、批判性思维和解决问题的能力。通常要求学生完成一个具体的任务或项目，以展示他们在特定领域的知识和技能。以二年级"动物运动会"为例，设计灵动体育教学表现性评价单（表 3-14）。

表 3-14　灵动体育教学表现性评价单

| 课时 | 10 | 课程 | 动物运动会 | 姓名 | |
|---|---|---|---|---|---|
| 评价指标 | 评价内容 | | | | 评价星 |
| 运动能力 | 能说出不同动物的运动名称；能积极做出不同运动的动作；能采用不同动物的姿势通过不同障碍物。 | | | | ☆☆☆☆☆ |
| 健康行为 | 能主动观察各种动物的运动视频；能主动与同伴合作交流、参与比赛；练习中知道安全的重要性，并掌握安全避险的方法。 | | | | ☆☆☆☆☆ |
| 体育品德 | 遵守比赛规则，挑战自我，敢于展示动作。 | | | | ☆☆☆☆☆ |

可以通过纸质评价单或信息成长平台等方式进行评价。例如，填写纸质评价单后，依据评价星的个数敲章，12个以上为优秀章，8—11个为良好章，5—7个为合格章；若使用信息成长平台，学生可直接在平台上进行评价，教师课后在平台上进行统计并给予反馈。

3. 终结性评价

终结性评价是对学生在一段时间内开展运动技能学习后进行的综合评价，通常在一个学期临近结束时开展。运动技能终结性评价需要结合具体的情境，开展多元化评价。以一年级第一学期的48课次学练内容为例，设计灵动体育教学终结性评价单（表3-15）。

表3-15 灵动体育教学终结性评价单

| 课次 | | 姓名 | |
|---|---|---|---|
| 等级 | 运动能力 | 健康行为 | 体育品德 |
| 优秀 | 任务：在规定时间内，快速完成匍匐爬行5米，一次性跳过一定高度的障碍物，用手运球绕过3个标志物，跳绳30个，迎面接力。 | 在体育游戏中具有很强的安全意识；通过练习能完全适应任务环境；能说出完成任务后的感受；为正在完成挑战任务的同伴加油和鼓劲。 | 遵守规则，敢于拼搏，勇于表现自我，突破自我。 |
| 良好 | 任务：在规定的时间内，完成匍匐爬行5米，一次性跳过一定高度的障碍物，用手运球绕过2个标志物，跳绳30个，迎面接力。 | 在体育游戏中具有较强的安全意识；通过练习较能适应任务环境；能说出完成任务后的感受；能为正在完成挑战任务的同伴加油和鼓劲。 | 较能遵守规则，在同伴的鼓励下进行挑战，表现自我，突破自我。 |
| 合格 | 任务：完成匍匐爬行5米，跨过一定高度的障碍物，用手运球绕过标志物，完成跳绳30个，迎面接力。 | 在体育游戏中欠缺安全意识；需要一定的时间适应任务环境；在教师的引导下，能说出完成任务后的感受；缺乏为正在完成挑战任务的同伴加油和鼓劲的意识。 | 在教师的引导下，遵守规则；在教师的帮助和同伴的鼓励下，完成挑战任务，建立学练自信心。 |

4. 增值性评价

增值性评价是一种注重学生学业发展变化的评价方式，它能够更加客观地评价学校和教师对学生发展的影响，促进学生的全面发展。该评价方式需要建立科学的评价体系，收集全面的数据，确保数据的真实性。以二年级第一学期第 5 周和第 8 周的课中、课外学习情况及跳绳测试结果为评价对象，开展灵动体育教学增值性评价（表 3-16）。

表 3-16 灵动体育教学增值性评价单

| 等级 | 课内表现情况 | 课外练习情况 | | 1 分钟跳绳 | |
| --- | --- | --- | --- | --- | --- |
| | 第 5 周和第 8 周 | 第 5 周 | 第 8 周 | 第 5 周 | 第 8 周 |
| 优秀 | 运动能力：积极主动参与各种学练活动；能说出学练中的运动、游戏名称及运动术语，并与同伴积极交流。<br>健康行为：愿意与同学合作参与比赛，能帮助同学；练习中知道安全的重要性，并掌握安全避险的方法。<br>体育品德：遵守比赛规则。挑战自我，敢于展示动作。 | 每周进行 5 次跳绳练习。 | 保持每周 5 次跳绳练习。 | 90 个以上 | 95 个以上 |
| 良好 | 运动能力：参与学练活动；能说出大部分学练中的运动、游戏名称及运动术语，并与同伴进行交流。<br>健康行为：与同学合作参与比赛，越来越愿意帮助同伴；练习中知道安全的重要性，并掌握安全避险的方法。<br>体育品德：越来越懂得遵守比赛规则，能在课中进行 1—2 次动作展示。 | 每周进行 3 次跳绳练习。 | 保持每周 3 次跳绳练习，偶尔几周进行 3 次以上跳绳练习。 | 60—85 个 | 65—90 个 |
| 合格 | 运动能力：在教师的引导和同伴的鼓励下，参与各种学练活动；偶尔能说出学练中的运动、游戏名称，并主动与同伴交流 1 次。<br>健康行为：在教师的引导下，多次尝试完成与同学合作参与比赛；越来越知道安全的重要性，并掌握安全避险的 1—2 种方法。<br>体育品德：在教师的引导下，遵守比赛规则，完成比赛，建立自信心。 | 每周进行 2 次跳绳练习。 | 保持每周 2 次跳绳练习。 | 10—55 个 | 12—60 个 |

## 5. 综合评价

综合评价采取将过程性评价、表现性评价和终结性评价相结合的评定方式,三者各项分值相加得出总分值,再进行综合评定,过程性评价与表现性评价将一学期设置为四个周期。以二年级第二学期为例,设计灵动体育教学综合评价单(表 3-17)。

表 3-17　灵动体育教学综合评价单

| 评价方式 | 各项分值 | 总分值 | 综合等级 |
| --- | --- | --- | --- |
| 过程性评价 |  |  |  |
| 表现性评价 |  |  |  |
| 终结性评价 |  |  |  |

说明:过程性和表现性评价中的"优秀"分值为 5 分,"良好"分值为 4 分,"合格"分值为 3 分;终结性评价中的"优秀"分值为 60 分,"良好"分值为 45 分,"合格"分值为 36 分。
综合等级评价标准:"优秀"为 90 分以上,"良好"为 75—89 分,"合格"为 60—74 分。

## 四、多样化学习评价的实践策略

### 1. 评价目的:走向素养

评价目的回答"为什么评"。核心素养导向下的多样化学习评价要改变以往课程评价过分强调衡量、甄别、选拔的功能,发挥评价的发展、激励、导向等功能,面向全体,指向素养。灵动体育课堂评价的主要目的是帮助学生在课程学习过程中或者在学习活动后,发展在运动能力、健康行为、体育品德三个方面的学科核心素养,以判断课程目标的达成度,给师生提供即时、多元的有效反馈,促使教师有效教学、学生积极学习。

在水平一(一年级)《多种方式的跑与游戏》教学中,教师设置以下指向核心素养的课程目标:一是运动能力目标:学生在"防控病毒""运送物资""抢救病人"等情境中,掌握多种方式跑的方法,体验方向、节奏和速度的变化,提高奔跑能力,为发展专项运动技能提供基础保障,助力学生养成终身体育锻炼的习惯。二是健康行为目标:学生能够了解和掌握相应的健康常识。三是体育品德目标:学生积极参与情境体验和游戏比赛过程,互助友爱，遵守规则，养成克服困难、坚持到底的意志品质。

以上三个课程目标密切联系、相互影响，指向发展学生的学科核心素养的评价目的，在整个学科评价过程中发挥引领作用。基于核心素养导向的灵动体育课堂学习评价，就要把核心素养具体化，评价学生在真实的、特定的情境中核心素养的发展水平。

2. 评价内容：走向结构

评价内容回答"评什么"。核心素养导向下的灵动体育课堂的评价内容应该围绕评价目的，超越对原有碎片化知识和技能的检测，紧扣学业质量，关注学生结构化学习，将运动能力、健康行为和体育品德融为一体，整体架构，重视知识、技术、战术、体能、情感等要素之间的关联、衔接和转化，结合具体的教学内容，评估学生核心素养的发展水平，帮助学生在体育锻炼中享受乐趣、增强体质、健全人格、锤炼意志，引领学生全面发展、个性成长。

在水平二（三年级）跨学科主题教学《生活中的爬行》教学中，根据评价目的，设置"运动能力""健康行为""体育品德"三个评价指标，基于评价指标，设计评价内容，细化成运动认知、运动技能、体能状况、锻炼习惯、情绪调控等九个相关联的评价要素，同时设置相对应的具体评价内容，让学生明晰需要达到的学习效果或有可能达到的效果；让教师能客观、全面、有效地评价学生核心素养的发展水平（表3-18）。

表3-18　跨学科主题教学《生活中的爬行》评价内容设计

| 评价指标 | 评价要素 | 评价内容 |
| --- | --- | --- |
| 运动能力 | 运动认知 | 了解爬行运动的技术要领；掌握爬行项目知识及跨学科知识 |
| | 运动技能 | 学习上下肢协调配合爬行，掌握多种爬行方式，积极参与爬行展示、比赛 |
| | 体能状况 | 在爬行运动中提高身体协调性、灵敏性 |
| 健康行为 | 锻炼习惯 | 在日常生活中能够借助劳动进行身体锻炼 |
| | 情绪调控 | 在爬行学练或比赛中情绪稳定，积极参与各项活动 |
| | 适应能力 | 适应学习和生活环境，在课堂教学中能交流互动、协调配合 |

续表

| 评价指标 | 评价要素 | 评价内容 |
|---|---|---|
| 体育品德 | 体育精神 | 在爬行运动中展现出良好的精神风貌、积极面对活动中出现的问题、困难和挑战 |
| | 体育道德 | 在爬行运动中能够遵守游戏或比赛的各项规则、公平参加比赛 |
| | 体育品德 | 在爬行运动中能够相互合作，对自己、对他人有责任心 |

在以上案例中，评价内容以结构化形式呈现，使课堂教学内容更加富有逻辑性和系统性，帮助教师在真实、复杂的运动情境中对学生运动技能习得过程中的各种表现及应用能力进行综合评价，促进学生核心素养的发展。

3. 评价方式：走向多样

评价方式回答"怎么评"。评价方式的多样化是核心素养导向下对学习评价的直接要求，只有进行多样化评价才能使课程评价更加客观、合理、准确、全面。灵动体育课堂的评价遵循体育学科的特点，依据评价目的、内容和学情，选择丰富多样、操作简便、适宜可行的评价方式，充分发挥不同方法的优势，从多角度评价学生的核心素养发展水平。

正仪中心小学校"灵动足球"校本课程改变以往以单一足球技能测试为主的评价方式，根据核心素养目标和评价内容，针对不同水平段学生的身心发展特点，采用不同的评价方式。对于运动能力，主要运用定性评价和定量评价相结合的评价方式。水平一学生采用"口头提问"与"基本运动能力测试"的方法；水平二、水平三的学生采用"书面测试"与"专项运动能力测试"的方法。因为难以用数据来评价"健康行为"，所以三个水平段均以"成长册""行为观察""问卷调查"等方法进行评价，体现客观评价与主观评价的统一。对于学生的体育品德，主要采用"行为观察""展示或比赛"等方法进行表现性评价。实施学习评价的整个过程，不仅关注学生的学习效果，还关注学生的成长，体现过程性评价与终结性评价的相统一（表3-19）。

表 3-19 "灵动足球"校本课程评价

| 评价指标 | 评价要素 | 评价方法 | | |
|---|---|---|---|---|
| | | 水平一 | 水平二 | 水平三 |
| 运动能力 | 运动认知 | 口头提问 | 提问与试卷测试 | 提问与试卷测试 |
| | 运动技能 | 基本技能观测 | 专项技能观测 | 专项技能观测 |
| | 体能状况 | 基本身体素质测试 | 体能测试 | 体能测试 |
| 健康行为 | 锻炼习惯 | 体育家庭作业数据平台、学生体育素养个人成长册 | | |
| | 情绪调控 | 行为观察 | 行为观察、问卷调查 | 行为观察、问卷调查 |
| | 适应能力 | 行为观察 | 行为观察、问卷调查 | 行为观察、问卷调查 |
| 体育品德 | 体育精神 | 行为观察 | 行为观察、比赛活动 | 行为观察、比赛活动 |
| | 体育道德 | 口头点评 | 行为观察、比赛活动 | 行为观察、比赛活动 |
| | 体育品德 | 比赛活动 | 行为观察、比赛活动 | 行为观察、比赛活动 |

在以上案例中，根据评价指标的不同，灵活采用多种评价方法，针对学生的特点和需求，为学生提供严密、合理、有针对性的评价，呈现出发展学科核心素养的整体观，为学生成长建构更广阔的发展空间。

4. 评价主体：走向多元

评价主体回答"谁来评"。核心素养导向下的灵动体育课堂的学习评价改变以教师评价为主的模式，走向多元，提倡多主体参与评价，以教师评价为主，鼓励学生自评、互评，同时将评价主体向家庭和社会延伸，充分发挥评价主体的作用，使评价结果更为客观，促进学生健康、快乐成长。如图 3-1 的"校园跳绳大擂台"学习评价。

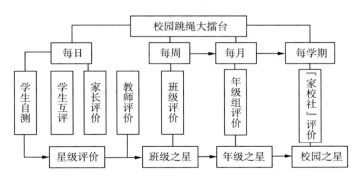

图 3-1 "校园跳绳大擂台"学习评价

在以上案例中，灵动体育课堂拓宽体育与健康学习评价主体，形成全员评价、全程评价、全方位评价的良好格局，积极发挥评价的导向、激励和改进等功能，帮助学生实现终身体育。

5. 评价工具：走向专业

评价工具回答"用什么评"。体育与健康课程常以测试型学习评价工具为主，这种评价工具只能检测到学生获得的知识、技能等经验，无法记录和评价学生的实际表现，缺少科学性、操作性和严谨性。《课程标准》提出，加强运用现代信息技术，开展实时和精准的评价，为评价工具的改革提供方向，为信息化时代背景下体育与健康课程评价的创新与发展提供依据。

在水平三（五年级）《跑：耐久跑》教学中，借助运动手环、心率监测仪等信息化设备可以监测学生在课堂上的心率变化、运动强度、运动轨迹等一系列数据，得出各项指标最高值、最低值和平均值，学生可以及时了解自己在班级中或在年级中的排名情况。在水平一（二年级）健康教育课《认识人体》上，运用教学评价软件，通过平板电脑同屏投影，进行即时的评价，客观、快速地反馈和评估学生的学习情况。

学生核心素养的发展是一个复杂的过程，在灵动体育课堂中，教师既要综合运用多种常规评价工具，又要将现代信息技术和体育与健康学习评价深度融合，构建智能化评价生态体系，提高智能化、数字化课程学习评价水平。

### 五、多样化评价的实施建议

1. 多样化学习评价要坚持素养导向

教学评价改革总是在探索中前行，不断调整与改善，从而促进学生成长。好的学习评价，是在学生心里种下蓬勃向上、热爱体育运动的种子，促进学生素养不断提升、全面发展，这才是核心素养导向下灵动体育课堂多样化学习评价的要义。对于学生的成长来说，也许数据测量可以检测出学生跑得多快、跳得多高、投得多远，但无法检测出生命的厚度。我们必须遵循《课程标准》，以核心素养为导向，从学生立场思考学什么、怎么学、练什么、怎么练、赛什么、怎么赛、评什么、怎么评等一系列问题，凸显学生的主体地位，帮助学生树立正确的价值观、教育观和评价观。

2. 多样化学习评价要为解决痛点和难点服务

核心素养导向下的灵动体育课堂的多样化学习评价改革既是一件大事，也是一件难事，更是一把"钥匙"。要从学校、教师、学生的实际出发，探索学生、教师、学校评价系统的改革。学习探索如何建立科学、全面、合理的运动技能评价体系，如何整体设计与实施体育素养评价体系，如何发挥多样化学习评价的功能，等等。为最大限度地提升核心素养，需要学校、教师树立正确的理念，勇于实践，全面改革传统教育质量评价体系，切实解决课程改革中的痛点和难点，努力推动体育与健康课程质量向更高品质发展。

3. 多样化学习评价要体现阶段性和进阶性

当前，我们设计的基于核心素养的灵动体育课堂的目标，是有阶段性的，例如，小学学段分为水平一、水平二、水平三三个不同水平段。不同的水平段，要求达到的核心素养水平不同，具有进阶性。针对多样化学习评价的阶段性和进阶性，必须进行相应的评价设置。

表 3-20、表 3-21、表 3-22 是灵动体育课堂相关的教学评价表。

表 3-20　灵动体育课堂教学评价量表

| 评价指标 | 评价要素 | 分值/分 | 评价内容 | 分值/分 | 得分/分 | 备注 |
|---|---|---|---|---|---|---|
| 灵动的教学设计（30分） | 学习目标的制定 | 6 | 以学生为主体，体现运动能力、健康行为、体育品德的三个方面 | 6 | | |
| | 学习内容的安排 | 6 | 构建任务式的大单元教学内容序列，体现结构化特征 | 2 | | |
| | | | 课题命名直观，体现项目特点，并凸显结构化特点 | 2 | | |
| | | | 课中各项学习内容与学习目标相吻合，活动名称符合学生身心特征 | 2 | | |
| | 重难点的预设与解决 | 6 | 教与学的重点明确 | 3 | | |
| | | | 教与学的难点明确 | 3 | | |

| 评价指标 | 评价要素 | 分值/分 | 评价内容 | 分值/分 | 得分/分 | 备注 |
|---|---|---|---|---|---|---|
| 灵动的教学设计（30分） | 教与学方式和方法的运用 | 6 | 围绕主要学习内容使用的学习策略有3种以上 | 1 | | |
| | | | 有问题链的创设，引导学生发现问题、解决问题 | 1 | | |
| | | | 在教与学过程中因材施教，关注个体差异 | 1 | | |
| | | | 根据班级学情，采用适当的组织教学方法 | 2 | | |
| | | | 体现课内外相结合，合理布置家庭作业 | 1 | | |
| | 辅助教与学手段的使用 | 6 | 使用合理音乐。 | 2 | | |
| | | | 科学使用信息化教学手段 | 2 | | |
| | | | 创设真实情境 | 2 | | |
| 灵动的课堂教学（55分） | 学 | 10 | 学的方式灵活、多样、效果良好 | 10 | | |
| | 练 | 10 | 练的次数合理，练的方式灵活，练的效果良好 | 10 | | |
| | 赛 | 10 | 有对抗，有真实比赛 | 10 | | |
| | 评 | 10 | 灵活运用多样化评价 | 10 | | |
| | 体能练习 | 5 | 体能练习有4种内容，体现多样性、整合性、趣味性、补偿性。个体练习密度基本达到100% | 5 | | |
| | 运动负荷设置 | 5 | 个体练习密度≥50%；群体练习密度≥75% | 5 | | |
| | 场地器材的安排与布置 | 5 | 场地器材种类恰当、布置合理 | 5 | | |

续表

| 评价指标 | 评价要素 | 分值/分 | 评价内容 | 分值/分 | 得分/分 | 备注 |
|---|---|---|---|---|---|---|
| 灵动的课堂教学效果（15分） | 体育与健康核心素养的体现 | 15 | 能按要求进行各项活动，并能做出相应动作及组合动作，能将所学技能运用于比赛或展示中，能完成体能练习内容 | 5 | | |
| | | | 在活动中具有安全意识，具有良好的心态，积极主动，适应自然环境和运动环境 | 5 | | |
| | | | 具有积极进取、勇敢、顽强等体育精神；具有遵守规则、尊重裁判和对手、公平竞争等体育道德；具有正确的胜负观；等等 | 5 | | |
| 合计 | | 100 | | 100 | | |

表 3-21　灵动体育课堂学生学习状态评价要点

| 学生学习状态 | 评价要点 |
|---|---|
| 参与状态 | 全班学生是否都参与"学、练、赛"活动；学生是被动参与还是主动参与；学生是否敢于尝试和模仿有一定难度的技能学练；学生参与运动的兴趣是否持久 |
| 情绪状态 | 学生参与运动的情绪是否稳定；学生是否积极参与"学、练、赛"活动；遇到问题和困难，学生能否自觉调整情绪 |
| 交往状态 | 学生融入集体进行合作学练和竞赛的态度如何；是否形成师生互动、生生互动，既有合作又有竞争的局面 |
| 身体认知状态 | 学生的身体认知是否被激活；学生有无充分的时间来提高身体认知；学生能否将习得的运动技能和战术运用到比赛（展示）中；学生在竞争性游戏和比赛中，能否遵守规则并通过多种角色体验来提高身体认知水平 |
| 运动负荷状态 | 学生是否适应课堂上的运动密度和强度；学生能否在教师的指导下，自我调节运动负荷 |
| 目标达成状态 | 学生运动能力的提高、健康行为的形成、体育品德的培育成效如何；学生有没有进行及时的反馈和调控；学生是否学得有效、有趣、有活力，是否在原有基础上有所进步；对学生的后续学习能力能否产生积极的影响 |

表 3-22　灵动体育课堂教师教学行为评价要点

| 教师教学行为 | 评价要点 |
| --- | --- |
| 设计教学活动 | 教师是否在研读课标、研究教材和了解学生的基础上设计完整的教学活动；教师是否立足于发展学生核心素养来设计教学方案；教师是否将"学、练、赛"有机结合，让学生在做中学、学中思、思中练 |
| 创设运动情境 | 教师是否根据学习目标和教学进度，创设真实、复杂的运动情境；教师创设的情境是否符合不同学段学生身心发展的特点，让学生获得丰富的运动体验和认知；教师创设的运动情境是否有利于提高学生技战术水平和体能水平，培养学生良好的体育品德 |
| 教学方式和方法 | 教师是否采用多样化的教学方式；教师是否将示范讲解与学生自主学练、合作学练和探究学练有机结合；教师是否采用有针对性的有效方法来突出重点，突破难点；教师是否因材施教，应用启发式教学引导学生积极思考、主动探索、自觉实践；教师是否由浅入深，由易到难，指导学生通过"学、练、赛"提高分析问题和解决问题的能力 |
| 组织教学 | 教师是否根据教材特点和班级学情，采用不同的教学方法；教师是否通过适合的分组方法，发挥体育骨干的作用，调动学生合作学习的积极性；教师是否关注学生的个体差异，进行分层教学 |
| 设置运动负荷 | 教师是否科学设置运动负荷，做到群体密度不低于75%，个体运动密度不低于50%，平均心率达到140—160次/分；教师是否每节课都安排了10分钟左右的体能练习；教师是否引导学生做好充分的准备活动，逐步提高运动负荷，在保证运动安全的基础上增强学习效果 |
| 信息化教育手段 | 教师是否根据不同学段学生的认知特点，积极开发与利用现代信息技术，进行运动负荷测试和开展线上教学；教师是否帮助学生通过线下和线上相结合的方式，打破学习的时空壁垒，拓宽学习视野 |
| 课内外有机结合 | 教师是否有意识地加强课内教学与课外体育活动相结合；教师是否利用课内习得的运动知识和技能指导学生参与校内多种形式的课外体育活动和竞赛；教师是否认真布置课外作业，指导学生与同伴或家长共同完成校外体育家庭作业 |

灵动体育课堂不仅是深化体育课程一体化改革的重要抓手，也是有效贯彻落实体育新课程标准的关键，更是帮助学生在体育锻炼中享受乐趣、增强体质、健全人格、锤炼意志的突破口。我们要重视灵动体育课堂的打造，重视课堂观念、内容、评价的一系列变革，打造高质量的体育课堂。

# 第四章 灵动体育活动

新时代的学生承载着民族复兴的使命，肩负着国家富强的重任，学生身心健康地成长为国家未来的发展奠定了基础。体育活动作为学校体育教育的重要组成部分，对学生的成长和发展起着至关重要的作用，它不仅有助于学生身体健康，还有助于促进学生的心理健康和提升社交能力，更有助于培养人的精神品质。

《课程标准》在课程理念中提出，坚持课内外有机结合，指导学生学会基本的运动技能、体能和专项运动技能，提供更多时间让学生进行充分练习，巩固和运用所学运动知识与技能，参与形式多样的展示或比赛。灵动体育活动不仅是灵动体育的重要组成部分，也是灵动课外体育的一种形式，更是灵动课内体育教学的延伸和拓展。灵动体育活动的首要目标就是促进学生的身体健康，通过参与各种体育项目，满足不同学生的兴趣和需求，锻炼身体，加强肌肉力量与韧性，增强心肺功能，提高体能水平。此外，灵动体育活动还有助于培养学生良好的心理、品格和价值观。因此，体育教师要激发学生参与体育活动的兴趣，让学生体验体育活动的魅力，领悟体育活动的意义，发扬刻苦学练的精神，逐渐养成"校内锻炼1小时，校外锻炼1小时"的习惯。

灵动体育活动主要包括体育特色活动、课间体育活动、体育竞赛活动和体育社团活动等。

## 第一节 体育特色活动

体育特色活动是指在结合本校体育文化、优势资源、学生需求的基础上，开展的具有学校独特风格的体育活动。它不仅可以是一次活动，也可以是一系列活动。

那么，如何开展体育特色活动？怎样体现教师的创意、展示学校的特色？这是很多一线教师面临的难题。现在，介绍正仪中心小学校开展体育特色活动的两个做法。

## 一、校园体育节

校园体育节是展示学校体育成果和学校精神风貌的窗口，一般一年或一学期举办一次，参与人数多，组织难度大，影响面广，因此，需要在广泛调查学生兴趣和分析学生对体育活动需求的基础上，结合学校体育特色或传统项目，遵循特定的程序，进行系统而全面的构思和谋划，满足学生的活动需求，确保活动的顺利开展。

（一）实施过程

1. 明确目标和主题

举办校园体育节要根据本学年学校的中心工作和体育工作计划，充分利用本校的各种优势，制定鲜明而具体的体育节目标，确立主题，发挥体育节的传播和影响价值。体育节主题不仅是对活动核心思想和内容的提炼，也是活动成功的关键，更是整个活动的点睛之笔和活动组织与管理的中心要素，关系着体育节的活动形式、操作手段的策划与实施。因此，明确灵动体育节的目标和主题既要根据活动的指导思想、目的要求进行反复酝酿，又要用艺术的语言加以修饰，营造与活动主旨相贴合的气氛。

2. 设计内容与形式

灵动体育节内容与形式的设计是展示灵动体育活动主题的关键，是整个活动最终能否取得成效的决定性因素，体现了组织者开展体育节的创造性智慧和工作艺术。设计活动的内容与形式一般运用模仿法、移植法、联想类比法、组合创造法、逆向思维法等方法。

3. 拟定组织与流程

灵动体育节是在一段有限的时间之内由多个相互交叉、相互作用的环节和任务组成的。为提高活动效率，使活动有条不紊地进行，各组织环节应绘制详细的流程图，通过流程图来显示所有项目、项目负责人、项目起止时间，以提供组织实施的整体蓝图，为制订计划提供依据。采用备忘录的方式确定一些重要的核心环节，对活动安排的时间、地点、责任人员等进行细化、解释、说明，尽可能详细地考虑所有时间段内应该完成的任务计划，如场地、设备、奖品、出场人物、来宾接待、进退场顺序安排、工作人员任务分配等，均按时间与相关流程，在每个工作节点备注详尽的工作进度与操作流程。

以正仪中心小学校 2023 年校园体育节为例。

2023 年 11 月，正仪中心小学校举办为期一个月的校园体育节，此次体育节的主题是"趣享运动，悦享童年"。作为全国青少年校园足球特色学校，本次体育节主要围绕学校足球特色开展趣味足球游戏、班级足球联赛、足球美术、足球摄影等活动，通过校园足球文化氛围的熏陶，让更多的学生积极主动参与到足球运动中。

我们成立了灵动校园体育节领导小组、策划小组和实施小组，邀请部分家长委员会成员参加。在本次体育节中，学生参加了各种形式的趣味足球游戏，参与了校园足球联赛。在足球文化活动中，学校分年级开展了彩泥（或者手抄报）制作、队徽设计、摄影展示和主题征文活动。一、二年级开展彩泥（或者手抄报）制作活动"我爱足球"，创造出一件件充满童趣的作品，表现了同学们对足球运动的热爱；三、四年级开展球类队徽设计活动"我创意中的足球"，设计出一个个富有想象力的队徽，表现了同学们对足球运动的创意思考；五、六年级开展球类摄影展示活动"我生活中的足球"，一张张激情洋溢的照片是同学们对生活中足球运动的记录。足球社团的孩子们开展主题征文活动"我的足球故事"，一篇篇语言优美的征文是小队员们对足球运动中难忘故事、感人瞬间的回忆。本次体育节是学校 2023 年度足球特色建设的生动展示。

(二) 注意事项

在开展校园体育节过程中，我们认真进行了反思，提出如下注意事项。

1. 全员参与

学校举办体育节的目的是推动体育工作的落实，调动全体学生的积极性，关注度越高，参与度越高，活动效果就越好。因此，在进行体育节策划时应面向全体学生，吸引更多学生参与，加强调查、研究，收集社会热点及国内外体育相关信息资料，吸取校内外的好经验、好做法，根据学校体育特色，准确把握学生年龄特征和不同需求，注入新鲜的元素，不断以新的亮点来吸引学生，使活动体现时代感、新颖性、竞赛性和娱乐性，为学生提供施展体育才华、展示运动天赋的舞台。学校要积极利用网站、集体晨会、橱窗、展板、校报、黑板报等广泛宣传、扩大影响，从而最大限度地吸引学生参与活动，让学生享受到体育节给他们带来的无限欢乐，真正做到"人人参与、个个受益"，使灵动校园体育节成为学生难忘的校园风景线。

2. 可行性分析

灵动校园体育节活动内容和形式的可行性分析是活动策划得以实现的前提与保障。因此，策划前要对学校所能提供的人、财、物等情况进行仔细分析，反复斟酌，形成方案后还要对体育节实施的可行性进行具体、深入的论证和评价，使活动所需要的人员、经费、场地、技术设备等与活动内容相匹配，不能一味地追求排场，而忽略了本校的实际情况。

3. 科学安排

开展灵动校园体育节涉及多个部门，需要很多人的密切配合，所以必须建立一个包括竞赛、裁判、场地器材、宣传、安全保卫、后勤服务、医务服务等职能的精干、高效的组织实施机构。灵动校园体育节的组织细节最能反映出组织者的工作水平。因此，策划要做到细致和精确，对竞赛项目时间、地点的设置，项目工作人员的调度，项目开展的具体形式、流程等都要考虑周到、安排有序，项目组织者分工明确并清楚参赛人数、起止时间、场地器材，以确保活动的圆满成功，避免因微小的组织细节出现问题，造成无法弥补的失误。尤其要制定并落实安全措施，明确每个环节的安全责任，确保活动安全、有序地进行。

灵动校园体育节还要兼顾计划性与灵活性，使方案具有弹性，为活动的操作者留出一定的余地，便于在实施过程中遇到突发状况时随机应变，保证活动正常进行。

## 二、体育嘉年华

体育嘉年华是一种受欢迎的校园体育活动。它通常包括各种游戏、比赛等，能够吸引学生和教职员工参加。体育嘉年华的最大特色就是全员参与。

体育嘉年华不同于传统的赛事，它更注重活动的趣味性和参与度，项目丰富、形式多样，让所有学生都能体验到活动的乐趣，感受集体的力量，让学生在活动中增强体育锻炼的意识,培养个人的运动兴趣,塑造阳光、坚毅的性格。我们在实践过程中形成了以下四个推进策略。

(一) 围绕一个主题

体育嘉年华活动要围绕一个主题。不管是活动项目的设置、活动程序的安排,都要体现活动主题。如"悦动童年"这个主题,体现了学生参加体育活动的愉悦心情,充分展现了学生的灵动活力。

(二) 遵循两个原则

"两个原则"是指"人人参与"和"张扬个性"。这要求体育嘉年华的项目设置尽可能地贴近学生的生活与爱好。在设置项目前,学校要做一个调查,了解学生特长,征询学生意见,尽可能多地设置比赛项目,确保项目设置的合理性,既保证学生人人参与,又发挥学生的特长,使学生的个性得以充分展现。

(三) 坚持三个结合

1. 个体与团体结合

体育嘉年华的比赛项目,既有个人赛,又有团体赛。以2023年正仪中心小学校春季体育嘉年华项目设计为例。

"迎面接力"项目,每班派出男、女学生各10名参加比赛;"跳绳"项目,每班派出男、女学生各15名参加;还有定点投篮、仰卧起坐、立定跳远等项目,也是每班派出男、女学生各15名参加。不仅关注学生个人体育成绩,还关注整个团体成绩,有利于培养学生的集体荣誉感和协作精神。

2. 传统与现代结合

体育嘉年华项目设置上,要体现传统与现代的结合。以2023年正仪中心小学校秋季体育嘉年华项目设计为例。

设置800米长跑、跳远、跳高等这些传统体育比赛项目和滚铁环、打陀螺、走高跷、"造屋"(跳方格)等具有地方特色的体育项目,又设置5人制足球、篮球3V3、体育动漫设计等现代体育项目,实现传统与现代的结合。

3. 体育与社团结合

为全面推进素质教育，落实"双减"政策精神，丰富学生校园体育文化生活，促进学生健康成长，正仪中心小学校于 2023 年 12 月举行以"'社'彩缤纷，'团'聚成长"为主题的冬季体育嘉年华活动。本次体育嘉年华上，开展象棋、围棋、五子棋、魔方、乒乓球等社团活动比赛，通过嘉年华这个舞台，展示学校体育社团活动的成果，实现体育与社团的结合。

**（四）发挥四项功能**

1. 竞技功能

体育嘉年华首先是一个赛场，比赛就要争先，它既有学生个人之间的竞争，又有团体（班级）的竞争；既有活动开展前的一个多月的训练所体现的追求更高、更快、更强的精神，又有在比赛中自然而然发挥出来的拼搏争先精神。

2. 健身功能

体育嘉年华追求的是绝大多数师生的参与，既有学生的比赛项目，又有教师的活动项目，可以说是教师和学生人人参与活动。通过活动的开展，丰富师生的校园生活，锻炼身体，引导师生树立起科学的健身理念、掌握科学的健身方法，营造出全民运动的良好氛围。

3. 德育功能

体育嘉年华提倡"友谊第一、比赛第二"的体育精神，注重行为规范、文明礼仪。可以说，这是一个展示个人、班级和学校精神风貌的大舞台。活动前，班级可以开展以"文明礼仪"为主题的班会活动，检讨历年活动时出现的不良行为，宣扬文明举止，营造人人讲文明、个个重礼仪的氛围。活动中，建立文明礼仪督查岗，督促学生注重行为规范，也可以设立道德风尚奖，评选道德风尚表现突出的班级和个人，通过评选，引导学生自觉培养良好的精神风貌。

4. 艺术功能

体育嘉年华活动开始前，学校可以开展以"体育文化"为主题的班级黑板报评比活动，介绍体育历史、体育人物、体育项目及体育精神，传承体育文化。开幕式上的运动员入场仪式、班级介绍及场地道具布置等均营造出艺术的氛围。开展体育嘉年华摄影展，记录班级和学校里感人的镜头；嘉年华上班级通讯员对班级选手的一篇篇热切而充满鼓舞的报道，都能发挥出体育嘉年华的艺术功能。

以苏州市第十六中学校（以下简称"十六中"）校园马拉松赛为例，简要阐述体育特色活动的功能。

十六中是一所底蕴深厚、人文荟萃的百年老校。古今交融、多元并存的十六中遵从新课程的核心理念，强调尊重和关注学生的主体地位和个性差异，用发展的眼光、理性的思考和海纳百川的胸怀，全面实施灵动教育。

"十六小小马"，是苏州古城小巷里的这所百年老校开展的马拉松比赛，"十六"是指十六中，"小小马"表示场地小、竞赛距离短、比赛规模小。"小小马"严格按照马拉松标准进行，有详尽的规划、完整的方案，从体能准备到思想准备，从赛程的设定、计时的要求、人员的确定、志愿团队的跟进，到奖牌的设计和安全的要求等，每个细节都安排到位。为此，学校提前半年启动赛事的筹备工作，还聘请高校专业团队对开展马拉松比赛的注意事项进行指导。结合学校实际，该校设定了"亲子跑（学生家长）""乐跑（全体教职工）""小小马拉松A组（六年级学生）""小小马拉松B组（初一至初三年级学生）"等组别，距离从1.5千米到3.5千米不等。"小小马"的初心，是希望学生们能跑步、爱跑步。"小小马"不仅成为校园嘉年华的一个亮点，还成了学校育人活动的杠杆点，带动了学校的其他各种活动。3年来，参与"小小马"活动的中小学校有17所，无偿支持活动的单位有近10家，还有地方派出所、蓝天救援队和儿童医院提供安全保障，既保证了现场的安全有序，又提升了教育的温度。

学校教育应该留下的是情感、态度和价值观。嘉年华"十六小小马"活动寄托了学生对学校生活的美好期望，营造了美好的校园氛围。

## 第二节 课间体育活动

课间体育活动是指在课程学习过程中，为了调节学生的学习状态、促进学生身心健康和全面发展设置的活动。它是课程学习的延伸，旨在给学生提供一定时间和空间参与各种开放的、富有趣味性和积极向上的活动，以满足他们的需求。学生的成长既在课堂之内，也在课堂之外。灵动体育课间活动释放学生天性，让学生在广阔的空间里自由成长。这里的课间体育活动主要分为大课间体育活动和小课间体育活动。

## 一、大课间体育活动

大课间体育活动作为学校展示的一大活动，不仅能凸显一个学校的体育教学实力与学生体育素养，还能彰显一个学校的办学理念与体育发展特色。如何将学校的大课间体育活动做得有特色、有规划、有长远性，是值得我们每位体育教师深思与研究的问题。

1. 注重大课间体育活动的多样性

大课间体育活动应该充分结合体育课、课外活动等相关教学活动，还应该充分满足本校和学生的实际兴趣，强调形式和内容的多样化，使学生积极主动地参与具有特色的大课间体育活动。在选择体育大课间活动项目时，应符合学生的兴趣爱好，应贴近学生生活。例如，有的学校在进退场时会唱军歌，而有的学校则会将唱歌和诗歌朗诵结合起来，让学生在进退场时一边唱一边朗诵诗歌，创设出具有特色的体育大课间活动。也有些学校体育教师用英语来指挥学生，帮助学生锻炼英语听力，同时形成良好的英语学习氛围。

2. 注重大课间体育活动的竞争性

小学生有着活跃的思维和很强的竞争心理，所以在开展小学大课间体育活动时，教师应该充分满足学生的心理需求，积极开展具有竞争性的大课间体育活动。例如，可以由学校领导、体育教师来组成课间体育活动质量评比小组，以此来跟踪和评定各年级、各班级的活动质量，并定期公布抽查的成绩，将成绩作为班主任和体育教师年度考核的标准之一。不仅如此，在每一场特色活动中，体育教师还应该制定详细的比赛规则，展开班级与班级之间的竞争，或者是年级与年级之间的竞争，对于竞争中表现优秀的班级或年级可以给予物质奖励，促进全体师生参与大课间体育活动的积极性，同时也可以推动大课间体育活动的良好发展。

3. 注重大课间体育活动的艺术性

大课间体育活动中包含有广播体操、健身操等各种形式的活动项目，在组织这些大课间体育活动时，教师应结合具有艺术性的音乐、舞蹈等表达形式，让学生在锻炼身体的同时受到艺术活动的熏陶。例如，教师可以在韵律操中引入当下流行音乐，满足学生的兴趣爱好需求，并让学生在轻松、愉悦的音乐氛围中记牢韵律操的节拍和动作，让学生充分地享受大课间活动。又如，教师可以灵活地创编当地的民俗活动，并将这些民俗活动引入校园大课间体育活动，帮助学生近距离地感受民俗艺术的魅力，增强他们对民俗文化的热爱。

下面介绍两所灵动体育联盟校开展特色大课间体育活动的创新做法。

灵动体育联盟校——宿迁市泗阳双语实验学校一直践行"从学生终身发展需要出发"的教育理念，积极开展阳光体育活动。近年来，学校在推进大课间体育活动过程中遇到了场地设施紧张、活动内容固化、组织指导不力等许多棘手的问题，导致学生活动质量低，师生无法享受运动的快乐。针对以上问题，该校从学生水平段运动特点、季节环境等要素出发，以优化活动内容、创新组织形式、改善设施条件为突破点，推进大课间体育活动的科学化、制度化、规范化，培养学生主动参与运动的习惯，树立终身运动的意识，提升大课间活动品质，构建灵动体育大课间活动品牌。

一、整体设计，丰富大课间体育活动内容

1. 依据水平段层级安排体育活动内容

不同水平段的学生特点不同，如水平一的学生爱玩，模仿能力强，喜欢竞争；水平二的学生身体发育较快，活泼、好动，表现欲强；水平三的学生具备一定的运动能力，好胜心强。学校根据不同水平段学生的生理和心理特点安排不同的活动内容。水平一的活动内容以体育游戏为主，让学生乐于参加，如打野鸭等游戏，可以发展学生的灵活性和协调性，春种秋收、编花篮等游戏可以培养学生的团队精神。水平二的活动内容以运动技术为主，要求学生做出简单的组合动作并能向同伴展示自我，如跨越式跳高、花样跳绳、双脚内侧盘踢毽子等，提高身体基本活动能力。水平三要求学生掌握有一定难度的基本活动方法，主要安排球类单元、民族传统体育单元等，如篮球运球过障碍上篮、足球的花式遛猴等，不断提高学生运动水平与能力，培养学生主动运动的意识和体育锻炼的习惯。

2. 依据季节相应调整运动负荷

冬季气温低，大课间体育活动内容多以距离长、运动量适中、运动强度中等的有氧运动为主，如校园迷你马拉松、冬季长跑等；夏季气温高，大课间活动内容多以距离短、运动量小、运动强度低的无氧运动为主，如

"鲤鱼跳龙门"接力赛、迎面接力等；春秋季气温适宜，大课间活动内容多以运动量大、运动强度大的篮球和足球等为主，提高学生运动技能与身体素质。

3. 依据趣味性序列设计活动项目

运动兴趣和习惯是促进学生自主学习和坚持终身锻炼的内在动力，活动内容的选择要关注学生的运动兴趣。学校在实施过程中坚持各年段项目不同、四季不同、单双周不同、天天不同的设置原则，实现大课间活动形式的多样化，提高学生的运动兴趣。选择趣味性较强的活动，如螃蟹赛跑、打保龄球、赶小猪等。每个年级在每个季节有10个项目供班级选择，真正做到内容不重复、不乏味，这样既满足了学生的个性发展需求，也提高了场地、器材的使用率。一般一个班级一学年有40个活动内容可供选择。

二、精细组织，提升大课间体育活动质量

1. 创新组织形式

实施上下午交替活动。为解决学校场地不足的问题，确保所有学生大课间体育活动时间，学校采取分年级、分时段活动，如单周上午一、三、五年级活动，下午是二、四、六年级活动；双周反之。保证每一个学生都有足够的活动空间和时间，避免了活动空间的局促拥挤。实践证明，实行上下午交替活动后，大课间活动组织更加有序，活动空间更加开阔，学生活动的热情更为高涨，活动的效果也更好。

推行三环节连贯运动。学校的大课间体育活动依据人体运动规律，分为热身、基本活动、身心放松三个连贯环节。

比如春季，学生首先是伴随《旭日东升》的音乐做"武术操"，通过身体开合、踢腿等运动进行热身。基本活动是按照年级的不同、季节的不同提供10个项目，以供班级选择，这样既满足了学生的个性发展需求，也提高了场地、器材的使用率。各班级依据学生兴趣并结合场地、器材安排进行选择，让活动内容更加丰富。当《太极》的音乐响起时，大课间活动进入放松阶段，学生在舒缓的音乐里放慢动作，练习八段锦（1~4段），放松身心。之后，学生踏着轻快的音乐节拍结束大课间活动，以饱满的精神状态走进教室，准备新的学习。

每个环节的内容也随季节变化。如：夏季热身运动是戏曲广播操，秋季是绳操，冬季为运动技能模仿操；基本活动则是依据水平段、季节性、趣味性设计的内容；夏季放松操是数字太极（用身体和手来比画阿拉伯数字）0~4，秋季是数字太极 5~9，冬季是用八段锦（5~8 段）。

2. 同步课堂学习

大课间是体育课的延伸。学校体育组超前规划，在每学期的一开始就先把各年级大课间活动内容纳入学期的教学计划，然后在体育课上进行相关项目的学习，这样就保证了学生在大课间活动的时候已经掌握活动技能。例如，六年级要开展篮球运球、篮球原地拍球、篮球行进间运球等活动，体育教师会提前进行这方面的技能教学，保证大课间体育活动的效果。有技术难度的大课间体育活动内容，如集体舞、放松操等，由班主任协助体育教师组织练习，以便让学生尽快熟练掌握。

3. 共享体育教师

大课间体育活动需要体育教师深入每个班级进行现场组织与指导，但是现有的体育教师团队无法满足这样的需求。学校采取的策略是共享体育教师，也就是打破年级界限，利用上下午交替活动的时机，充分利用好全校体育教师资源，跨年级整合，组成一个共享团队，负责大课间活动组织与指导。如一、二年级的体育教师每天上午参与一年级大课间体育活动的组织与指导，下午再参与二年级大课间体育活动的组织与指导。

三、改善条件，保障大课间体育活动品质

1. 改建场地，增加功能

大课间体育活动除了把田径场、球场作为主要活动场地，还通过对一些场地的改建，增加其新功能。如：对环校园消防通道进行路面铺装、弯道改造，使其成为环校园跑道，作为学生冬季跑步场地；在中心主干道上设置跳格子区域、跑地道区域等，作为春秋季活动场地；在篮球场边设置高低篮筐，充分满足不同年龄段的学生活动需求；在运动场边的墙壁上画多个足球门，让学生练习射门，满足学生进行射门活动的需求。学校还实施场地轮换制，开学初根据每个班级活动内容的选择制订场地使用安排表，每个场地每天由不同的班级轮换使用。

2. 器材接力，共享快乐

为了保障大课间活动的正常开展，学校从多个途径解决器材问题。除了学校添置和学生购买，学校探索出"器材接力"新方法，鼓励高年级学生将自己不用的运动器材赠送给中低年级的学生，让器材在校园内形成接力，提高体育器材的利用率。这项活动已经成为学校的一项优秀传统活动，在每学年开学初，学校会开展体育器材接力赠送仪式，班主任在赠送仪式之前组织自己班级学生自愿找好赠送的同学。一开始实施的时候，学生整体热情度不高，只有不到30%的学生参加了器材接力。但是经过几年的实行，那些曾经收到接力器材的学生体会到这种接力的快乐，成了积极的倡导者与参与者。

3. 保管器材，年级共用

由于学校班级数较多，根据学校的活动方案，在器材使用方面实行"班级保管，年级共用"方法。开学初将器材分发到各个班级，每个班级固定管理一至两项，其他班级需要使用的时候，就到该班借用，达到班级间共享，提高器材的使用率。

4. 保障安全，落实新举措

学校利用班会对学生进行运动自我防护、自救技能的教育与培训。学生了解不按规则运动和游戏带来的危害，掌握安全的运动方法，例如，要穿合适的运动服装，摔倒时及时自我保护等，提高安全意识。学校有效预防伤害事故的发生，提高学校大课间体育活动的安全系数。

班主任进行班级安全活动管理，负责学生进退场、活动分组、器材的发放和保管、处理突发事件，副班主任配合班主任工作，协助正确引导、管理本班大课间体育活动情况，确保活动有序，保证大课间体育活动质量，发现问题及时处理。

学校定期对班主任和副班主任进行初级救护培训，提高教师安全意识，掌握现场救护的基本知识，如创伤止血、伤口包扎等，提高应对突发情况的问题解决能力。

四、提炼升华，彰显大课间体育活动校园文化

1. 多彩活动让学生加强锻炼

大课间体育活动打破了传统以广播操、跑操为定式的固定模式，依据学生水平段和季节特点安排各种活动，满足每一个学年段学生的需求，不仅锻炼身体，也发展心智。游戏类活动、技巧类项目、球类运动丰富多彩，交替进行，培养了学生的运动兴趣，使学生掌握了基本的运动技能，形成了健康的体魄。学生通过小学六年的持续活动，至少掌握一两项运动技能，拥有自己的运动爱好，逐步树立终身运动的观念。

2. 课间运动让教师创新观念

丰富多彩的大课间运动，使得学生注意力更集中、思维更灵活，学习效果更好。教师看到了大课间体育活动对学生心智发展的促进作用，也逐

渐改变了重学问修养、轻体格修养的观念，积极参与大课间体育活动的开发、管理、指导，并成为这项运动的倡导者、实施者和体验者。

3. 和谐课程让校园生活灿烂

大课间体育活动构建起体操课程、球类课程、游戏课程、竞赛课程、民族传统课程等运动课程系列，课程中的各项运动功能各不相同，相互补充，使学生的各种体能均得到了锻炼。同时，学生在参加各种不同的运动中，也增进了友谊，促进了人际关系的和谐发展。

灵动体育联盟校——昆山市石牌中心小学校作为昆曲发源地学校，以独特的方式传承着国粹。学校和浙江京昆艺术中心文化创新团队（以下简称"浙昆文化创新团队"）联袂推出全新的昆曲广播操。这套昆曲广播操是浙昆文化创新团队为昆山市石牌中心小学校量身打造的升级版，音乐以经典昆曲曲牌为基础，将《牡丹亭·游园》里最有名的《皂罗袍》作为主旋律进行编排与创作，第一段为舒展运动，第二段为主体运动，第三段为广播操的高潮部分。整体节奏丰富，变化多样，顺风旗、双托掌、云手、山膀等一个个动作，一招一式都融入了中国昆曲传统戏曲元素，唱念做打，手眼身法，独特而富有韵味，在世界非物质文化遗产昆曲与儿童喜闻乐见的广播体操跨界碰撞的过程中，让戏曲文化教育实现"活态化"，增添了大课间特色。作为昆山市巴城镇教育联合会昆曲社团的牵头单位，学校把这套昆曲操在区域内的所有学校进行推广，让昆曲小镇的孩子们在强身健体的同时，充分感受到中华非遗之美、昆曲优雅之韵。

最美的大课间在于有创意、有特色、有效果，也要保证实施的科学化、标准化、整体化，学校领导、体育教师和班主任的支持、参与、指导不可或缺。只有全校师生更新观念、统一思想、提高认识，全校师生及各部门紧密配合，才能保证灵动体育大课间体育活动的顺利施行。未来，学校将继续创新和完善符合校园实际和学生特点的大课间体育活动，以快乐为主旋律，突出特色，强调灵动、和谐的大课间体育活动。

## 二、小课间体育活动

小课间，即我们常说的课间十分钟，也就是课与课之间的间隙，安排出来作为学生活动和休息的时间。

（一）当前学校小课间的现状

近年来，关于"消失的课间十分钟""安静的课间十分钟"等话题引起了社会的广泛关注。一些学校推行所谓的"文明休息"，即课间十分钟只准喝水、上厕所等，没有特殊情况不出教室，这样的做法和管理方式是欠妥的。

当然，学校确实有合理的考量。学生多、教师少，完全放开难以保障学生的安全，尤其是当前社会对学生安全关注度高，少数家长对校园管理要求严格，给学校造成巨大压力。面对管理成本高、校园空间和设施有限、安全风险提升、家长诉求多元等现实原因，部分学校只好通过限制学生课间活动来规避潜在问题，但这不能成为限制学生自由活动的理由。

（二）小课间的功能和意义

小课间是学校教育教学的重要组成部分。一方面，学生课间十分钟走出教室、接触阳光，适当活动和放松，不仅有益于其成长和发育，也是紧张课堂之间的"加油站"。另一方面，课间十分钟也是学生之间彼此沟通交流、自我规划时间、合理安排作息的重要时段，充分运用好这段时间，对于培养学生的社交能力、安全意识、规则意识，形成良好的行为习惯，具有重要的意义。倘若认为课间十分钟活动可有可无，甚至采取简单粗暴的管理方式，对学生成长不利，也是无视教育规律之举。

（三）科学、合理安排小课间

科学、合理安排小课间，须做到以下四点。

第一，明确一个"安"字。学校要加强对学生的安全教育，明确禁止行为和区域，防范安全事故。学校可列出课间活动正面清单，引导学生做好"规定动作"，如饮水、上厕所、远眺等。同时，学校还要引导学生恰当地选择"自选动作"，如跳绳、踢毽子等。在确保安全的前提下，让学生适度地动起来。"预防为先"是学校管理工作要遵循的基本原则：其一，要定期检查和维护特种设备、大型体育设备；其二，要在有安全隐患的区域、设备等设置安全提示标识，并增设保护措施。同时，还要做好责任认定保障工作，学校要妥善安装公共摄录设备，既要保证摄录内容不会侵犯师生隐私，又要保证摄录设备有效运行，这将成为后续校园安全事故责任认定的重要依据。此外，学校还可以引导家长为学生购买相应的意外伤害险和医疗险,以分担相应的风险。

第二,把握好一个"走"字。学校应牢牢把握育人至上、促进学生健康成长的办学宗旨。将课间十分钟还给学生,促进学生养成有利于身心全面发展的学习习惯。制定并坚决执行不拖堂、不在课间进行学业辅导的制度,让学生走出教室、走向户外、走进阳光。

第三,确立好一个"动"字。为了让学生在课间十分钟时间"动起来",可以根据学校、班级特点及学生的兴趣意愿,以学生喜闻乐见又安全的方式,开发一些几分钟的微课程。适当规划不同年级要动什么、怎么动、在哪儿动,学生自主活动或者班级集体活动都要事先做好规划,尤其要注意做好安全防范。

第四,强化好一个"效"字。就是注重效果,观察课间十分钟学生活动的积极性、实效性,根据课间活动情况,及时调整活动内容、活动方式,要尽可能地让每个学生积极主动地走出来、动起来。

小课间,是呵护学生天性、遵循教育规律,让学生自由欢快地身心放松的难得的宝贵时光。正仪中心小学校多措并举,将课间十分钟还给学生,让学生真正从课间休息中获得更多的成长力量。

### 我的课间我做主

正仪中心小学校通过"校园金点子"征集活动,丰富游戏资源库,推广有意义的"金点子",将游戏方案提供给各年级,让班级玩起来;学校通过"规则我来说",让学生成为游戏规则的制定者;通过"巡回小法庭",把学生之间的小矛盾交给学生自己解决;通过教师"领玩",让课间十分钟成为拓宽师生沟通的新渠道;通过"联盟"共玩,打破班级限制,以班级团体赛的形式让大家一起玩……

自由奔跑,欢声笑语,是灵动体育课间十分钟的"标配";是校园灵动的风景。温室里长不出参天大树,让学生去跑、去跳,即便会有磕磕碰碰,对学生而言,都是成长中必不可少的经历。课间活动是学生成长中非常重要的一环,而童年的快乐,就藏在课间游戏里。因此,笔者与团队的小伙伴们设计了多例"灵动体育十分钟课间游戏",供一线教师参考。

## 灵动体育十分钟课间游戏

1. 跳长绳夺帕

游戏方法：分2组跳长绳，每组跳长绳的3人先将手帕的一角掖在衣领后面，然后依次跳进长绳里，边跳边找机会夺取对方的手帕，先夺取者得分，得分多的组胜出。平局加赛，直至决出胜负。

2. 抛水球

游戏方法：分成甲、乙2个横队，相对而站，队间、行距均为3米。开始时，甲队排头把球抛向乙队排头，对方小心接住后抛回给甲队第二人，以此类推，最后由失误多的队员表演节目。

3. 盲人塑像

游戏方法：3个同性别的学生为一组，分别蒙目当盲人塑像师、模特和"雕塑材料"。开始时，由模特摆出一个造型，盲人塑像师用手触摸和了解模样，然后将"雕塑材料"塑造成相同的造型。完成后，拿掉蒙目套，看哪一组塑造得快又好。之后，互换角色再玩。最后讨论各自的感受。

4. 站如松

游戏方法：在地面上画两条相距50厘米的平行线，两人各站在线的一边。站定后，双脚不能移动，伸出双掌相抵。发令后，双方利用向前推送和向后缩让的巧劲，使对方脚掌移离原位即可得分。

5. 站圈

游戏方法：每队人数不限，自由组合，将一个藤圈放在空地上，为安全起见，可在藤圈的四周布置若干垫子。先告知学生：这个游戏要求大家群策群力，尽可能在圈内多站人，容纳的人越多，并且坚持的时间越久为优胜，一旦有人脚至圈外即为失误。可先进行讨论研究，尝试练习，等到有一定把握后，即可多队同时进行。

6. 连续砸篮板球接力

游戏方法：每队人数相等，8～10人为宜，在篮球场罚球区前排成一路纵队。游戏开始，排头运球向前几步，跳起砸篮板球，之后立即退下返回，排至队尾。与此同时，第二人向前跑出跳起，将球在空中接住，趁落地之前再砸篮板……接着换第三、第四、第五人做，要求球连续砸篮板，不落地，这个过程一直不断地循环下去，直至有队员失误。各队依次做或同时在几个篮架上做，成功次数多的队获胜。

7. 手足球

游戏方法：在地上画一个长8米、宽4米的足球场，两端各用两只书包当球门。分2队，每队各3人。发令后，从中线开始，每人用手滚拨一只橡胶实心球，滚进对方门内就可得1分。规则是不准球离地，脚不能触球，出界则由对方发球，每场3分钟，得分多的队获胜。

8. 漫游太空

游戏方法：每队12人，围成一圈坐下，双脚并拢，伸向圆心。先推选一人站在圈中间，闭上眼睛，全身放松，幻想自己正处于太空失重的状态中，以双脚为支点向任何方向倒下，在他倒下时，周围的人应把失重的他推向另一方向，使他不倒在地上，能在圈中自由摆动，感到舒服并产生漫游太空的感觉。每人轮流尝试一次，熟练后，圆圈可加大，增加乐趣。

9. 猜拳踩脚

游戏方法：2人相对而立，用手猜拳，石头剪子布，胜者立即可用脚去踩一下对方，而对方也可及时敏捷地躲闪，接着再猜、再踩，在规定的时间里，踩到对方次数多者获胜。

10. 猜硬币

游戏方法：大家围坐成一圈，选一人居中当猜者。游戏开始，大家齐唱："硬币硬币，你真奇怪，传来传去，无影无踪，真奇怪，有个朋友站在场中央！"与此同时，将左手向旁抬起，手心向上，右手从右边人的手心做取硬币的动作，放到左手上，依次进行。其实整个活动只有一枚硬币，参与者有的真传，有的假传。连唱三遍后，大家一齐双手握拳伸出，由居中者猜，猜对可以跟拿硬币者互换位置，三次猜不着要表演一个小节目。

11. 五人制足球

游戏方法：利用篮球场作为场地。只设球门区，不设罚球区。在球门柱外侧2米处，各向场内画一条3米长且垂直于端线的直线，然后把两端连接起来，与端线平行即为球门区。球门宽1.3米，高1米，四角上各以50厘米为半径画弧，即为角球区。罚球点距端线正中间7米，场宽均线5厘米，从线外沿算起，其他规则与足球的规则基本相同。

12. 篮球与乒乓球

游戏方法：游戏者围成圈。游戏开始，教师任意指定一人按逆时针或顺时针方向开始游戏，第一个人说："篮球！"同时两手做成乒乓球的样子。

第二个人应接着说:"乒乓球!"同时双手做成篮球的样子。如此交替进行。如果某人发生错误,就要为大家表演一个节目。然后从发生错误的人开始,继续游戏。规则:① 讲话与做手势同时进行。② 前后两人之间停顿时间不能过长,否则视为失败。

13. 队列练习

游戏方法:游戏者围成圈。游戏开始,教师指定任何一人从逆时针或顺时针方向开始游戏,第一个人说:"立正!"同时做稍息的样子。第二个人应接着说:"稍息!"同时做成立正的样子。第三个人应接着说:"向左转!"同时向右转。第四人接着说:"向右转!"同时向左转。如此交替进行。如果某人发生错误,就要为大家表演一个节目。然后从发生错误的人开始,继续游戏。规则:① 讲话与做动作必须同时进行。② 前后两人之间停顿时间不能过长,否则视为失败。

14. 指部位

游戏方法:学生先用食指指着自己的鼻尖。游戏开始,学生必须连续不间断地给自己下达7个口令,如"眼睛—耳朵—头发—嘴巴—眉毛—牙齿—喉咙"等,在下达每个口令的同时,食指必须指向错误的部位。7个口令中只要有一个口令言行一致,则视为失败,失败者就要为大家表演一个节目。规则:动作必须到位清楚,否则视为失败。

15. 圆形曲线跑

游戏方法:学生用报数的办法分成甲、乙两组,轮流充当"障碍物"和进行曲线跑。按规定的圈数和要求做各种练习,以时间最少跑回原位的组为胜。两组交替做练习,可根据情况不断变换方法和增减难度。

16. 听信号

游戏方法:将学生分成人数相等的甲、乙两队。比赛开始,教师发出第一声哨音后开始计时,甲队队员追拍乙队队员。教师发出第二声哨音时,乙队队员反过来拍甲队队员。当听到教师发出第三声哨音时,则全体学生原地站好。游戏进行到一定时间时,队员拍到对方次数多的队获胜。

17. 喊号追人

游戏方法:学生站成圆圈,随机从一人开始1—4循环报数,要求每人记住自己的号数。游戏开始,每人按规定方向沿圆圈慢跑,在跑步中听到教师喊某号时,该号数的人立即离队,从队外沿圆圈向前跑去追赶前边的同号人。在跑回原位之前以手触及前面同号者得1分,如果追不上,跑至自己原位时归队，游戏重新开始。

18. 踩影子

游戏方法：学生每两人自由组合成一组，在规定的范围区域开展游戏活动，一人奔跑躲闪，另一人去踩奔跑同学头部的影子，踩中后交换角色。

19. 圆圈追逐

游戏方法：学生围成圆圈站立（面向圆心），左右相距一臂，教师在圆心处站立，将4条手绢等距离分发给学生。游戏时，游戏者按逆时针方向依次传递手绢，当听到哨声后持手绢的学生迅速行动，按逆时针方向追逐前面持手绢的学生。如在一圈之内追上，被追者失败；如在一圈之内未追上，则所有持手绢跑的学生返回原位，继续传手绢进行游戏。

20. 挑西瓜

游戏方法：选一个学生当选瓜人，其他人蹲在地上当西瓜。游戏开始，选瓜人可以跑到任何一个人的身边，轻轻地拍他的头问："西瓜熟了没有？"被拍人如果不想当追逐者，就可以回答说："没有熟！"被拍人如果愿意当追逐者，就可以说："熟了！"马上选瓜人站起来去追选瓜人。选瓜人一旦被抓到，就要表演一个节目。选瓜人跑累了，可以蹲下当西瓜，此时追逐者就变成了选瓜人，游戏在这个时候就可以重新开始了。

21. 传秘密口令

游戏方法：全班学生分成人数相等的若干小组，也可按学生自然小组进行。教师小声告诉各小组第一个学生一个口令，如"集合""立正""稍息""踏步"等，然后说开始，各组第一个学生小声告诉同组的第二个学生，依次后传，最后一个学生将收到的口令在黑板上写出来，最后由教师判定哪一组最快、口令最准确。

22. 画足球场地

游戏方法：全班分成人数相等的若干小组，教师发令后各小组第一个学生跑向黑板并画足球场的第一条线，然后将笔交给同组的第二个学生，第二个学生也画一条线，依次进行，看哪一组的足球场地最先画好。

23. 贴鼻子

游戏方法：准备一张硬纸板，在上面画一头没有鼻子的大象，再在另一块硬纸板上画一个象鼻子。在距大象2米远的地方画一条白线，作为起点线。游戏开始，游戏者手拿象鼻子，站在白线外，然后用毛巾蒙住眼睛。蒙好后，向大象走去，走到自认为可以摸到大象的地方站好，然后把手中的象鼻子向大象头上贴去，只能贴一次。把象鼻子准确地贴上的人可得1分，得分多的人获胜。

24. 拉起比劲

游戏方法：两人先相对坐下，两脚相抵，双手拉紧；听统一口令后，两人同时用力向后拉，将对方拉起者为胜。互拉时，任何一方不得松手，松手即为失败。

25. 拉绳比赛

游戏方法：两人先面对面站立，脚前各画一条线，相距50～60厘米，同时握紧一根结实的绳；听统一口令后，两人同时用力后拉，将对方拉过线者为胜。互拉时，两人不许松手，以防对方摔倒，松手即为失败。

26. 雪地闯关

游戏方法：将学生分成人数相等的甲、乙两队，通过抽签决定进攻队和防守队。如果甲队为防守队，则将甲队队员分成人数相等的两组，分别站在长方形场地的两侧。乙队队员站在起跑线后准备"闯关"。当教师发出进攻开始的信号后，乙队队员迅速向终点冲击；甲队队员则用自制的雪球（或沙包）向乙队队员投击，被击中的乙队队员因闯关失败而被淘汰出局，未被击中冲过终点线的队员即为闯关成功，统计闯关成功的人数。之后，甲、乙两队交换攻防角色。闯关成功的人数多的队胜出。

27. 水下拾宝

游戏方法：距学生5米处，扔若干小沙包。口令下达后，学生们以最快的速度去捡，每次只准捡一个，捡到后要回到原出发点交给教师，然后再去捡，规定时间内捡沙包数量最多的学生获胜。

28. 雄鸡斗架

游戏方法：在地上画个直径为2米的圆圈，两名学生进圈蹲着，互相用手推，使对方的手、臂部着地者胜出。规则：不能站、跑或坐着，也不能为了躲对方出了圈或踩线，否则判为失误。

29. 赛龙舟

游戏方法：每组5人，排成一路纵队，同握一根3米长的竹竿，组成一艘龙舟，队尾者背向而站当舵手。发令后，齐心协力从起点出发，中途不散架，先跑到终点的组获胜。

30. 穿藤圈

游戏方法：把游戏者等分成甲、乙两方，甲方手持藤圈在一条直道上来回抛滚，乙方站在直道两侧8米外的线后用细竹竿和带有绳索的小沙袋投掷，若能穿过藤圈（不碰到藤圈），即可得分。双方机会均等，轮流互换角色，最后得分多的一方胜出。

31. 拔腰

游戏方法：两人互相侧身反抱对方腰部，双脚不许移动，发令后尽力将对方抱起，将对方的双脚抱离地面者获胜。可采取三局两胜制，人多时可采取淘汰制。

32. 踢毽子接力

游戏方法：游戏开始后，各队第一名学生到前面踢毽子，踢至失误为止，记下次数，回到自己座位，接着第二名学生出来踢，直至全队踢完为止。累计踢的次数多的队获胜。

33. 接后语

游戏方法：学生坐在座位上，由第一排第一个学生随便说一个词语，例如，"今天"，接着第二个学生以第一个学生所说的词语的后一个字打头，又组成一个词语，例如，"天气"。依照此法一直往下传，诸如"气候""候补""补救"等，一直到某个学生组不成词语为止，罚该学生表演一个节目后，又由该学生重新说一个词语再开始。

34. 乒乓球

游戏方法：全班分成若干组，每组7~8人为宜。游戏开始后，由本组的任意一个学生说"乒"，相邻的下一个学生说"乓"，再相邻的下一个学生说"球"，说"球"的学生，在说的同时，要用手指准确地指向本组的任意一个学生，被指的学生要快速说"乒"。依次循环反复，直至有学生出错。

35. 搬运游戏

游戏方法：学生排成单列纵队，立于起跑线后。第一个学生听到发令枪响后，跑到大圆处，并从中取球向前跑，在第一个小圆中放下实心球，在第二个小圆中放下排球，在第三个小圆中放下篮球，然后跑向终点并绕过折返点向起点跑去，到达起点且与第二个学生击掌后退出场地。第二个学生击掌后向前跑去，先跑到终点并绕过折返点往回跑，途中依次取回篮球、排球、实心球，并将它们放到大圆中后跑到起点，并与第三个学生击掌。第三个学生模仿第一个学生。第四个学生模仿第二个学生。以此类推，用时少的队伍获胜。

课间虽小,却关乎学生的健康成长。我们要像重视课堂一样重视课间,引导学生利用课间走出教室、走向户外、走进阳光,在游戏中放松、在奔跑中成长,享受更加充满健康活力的校园生活,促进学生身心的健康发展。

## 第三节 体育竞赛活动

随着体育活动的蓬勃开展,各项体育运动竞赛活动也日益发展。作为学校体育的重要内容之一,体育竞赛活动在检验教学训练成果,发现优秀的体育人才,促进学生全面发展,丰富校园体育文化等方面起着十分重要的作用。体育竞赛活动是指充分利用课余时间,组织学生以运动项目、游戏活动、身体素质练习为内容,根据规则进行的个人或集体的体力、技艺和心理的比赛。体育竞赛活动是灵动体育活动的重要载体,灵动体育始终遵循"健康第一、比赛育人"思想,以"面向全体学生"作为体育竞赛活动的目标导向,让更多的学生能够在比赛中锻炼自我、超越自我。

下面就"全员运动会"和"校园吉尼斯"两项重要赛事,谈一些想法和做法。

### 一、全员运动会

全员运动会是考核、评价学校体育工作的重要形式,也是展示学生运动技能水平、精神风貌的综合平台。但传统学校运动会偏重活动形式,关注体育竞技比赛,"极少数人在跑,大多数人晒太阳"是最真实的写照,皆未能实现学生全面参与、主动参与的良好成效。随着《课程标准》的发布,学校运动会的改革也成为一个重要的项目,其中"全员运动会"就是一种新型的体育运动会,也将成为学校运动会的另一种新的趋势。

全员运动会是灵动的运动会,它有以下亮点和组织形式。

(一) 亮点

1. 强调全员参与,鼓励学生追求更多趣味体验

全员运动会内涵丰富、趣味性强,并且为所有学生提供参与体育运动的机会,通过全员参与,使学生充分感受运动的趣味。

2. 强调深度参与,鼓励学生拓展体育学习空间

全员运动会不仅弥补了传统运动会的参与不足、延伸不够等短板,还加强了学生的趣味体验,激发了学生的体育学习兴趣,学生可以根据个人

兴趣、运动能力合理选择项目，实现了从浅层参与向深度融入的全面升级。

3. 强调勇敢参与，鼓励学生发展自身意志品质

全员运动会里各个比赛项目都是具有一定难度、一定挑战性的，都需要学生在运动会前的教学与练习中克服各种困难，如锻炼的过程中肌肉酸痛、比赛后疲劳等。

全员运动会里的各种项目大多在室外进行，需要克服各种自然因素（如酷暑、严寒、大风等）带来的困难，有助于其形成坚毅勇敢的意志品质。

(二) 组织

1. 成立筹备小组，外力助推共筹备

全员运动会是调动学校全校师生共同参与的大型活动，需要汇聚所有人力量参与这场赛事。因此，相关人员的分工、职责、调配，是运动会筹备的第一步。首先，需要得到学校领导的支持，确定组委会人员，包括学校各级领导、体育教师、后勤和有关方面人员。确定组成人员名单后，组委会讨论最终的组别及具体明确的分工，确认每个类别的负责人，分头行动，各司其职，积极展开筹备工作。

2. 确认竞赛规程，敲定运动会核心

确认竞赛规程，就此敲定本届运动会的核心内容。因此，竞赛规程要结合学生实际情况、学生的身体素质，确认本届运动会的性质。

3. 编排秩序册，确认运动会主旋律

运动会秩序册的编排，是运动会得以有序开展的重要保障，同时也能体现体育教师专业素养的高低。因此，要想运动会顺利进行，运动会秩序册的编排要引起重视，这是一项大工程，需要兼顾方方面面，要有全局意识，考虑到位，可以使用专业软件进行编排，再做灵活调整。前期扎实做好这些工作后，再开展裁判员培训，认真做好竞赛场地布置工作，确保运动会顺利开展。

以下为正仪中心小学校开展全员田径运动会的方案。

## 正仪中心小学校第一届全员田径运动会策划方案

一、运动会名称

唤醒童年的梦

## 二、目的及意义

在全面推行素质教育的背景下，加强学生体育锻炼，以努力提高学生身心健康水平为目的，进一步提升学生身体素质，丰富学生的课余文化生活，培养学生的创新精神和实践能力，使学生德、智、体、美全面发展，展开翅膀唤醒童年的梦。

## 三、比赛时间

5月18日。

## 四、比赛地点

学校操场。

## 五、比赛项目

详见项目及规则表。

## 六、报名办法

各班以每个项目要求人数为单位报名。

## 七、比赛项目（共13个）

青蛙跳水、蚂蚁运物、企鹅传书、快乐的运输工、争分夺秒、行路难、再接再厉、勇闯天涯、心心相印、持球钻栏、我相信你、沙包投准、蒙眼穿拖鞋。

## 八、录取名次及奖励方法

1. 团体奖励：按总积分每年级取前三名，单项比赛按名次设一、二、三、四、五名，积分分别为5、4、3、2、1分。（注：一年级设置前两名）

2. 设精神风貌奖（风采展示第一名）、优秀组织奖（风采展示第二名）、公平竞赛奖（由裁判员选出）。（注：上面三个奖均评给年级组，不再设立班级和个人奖）

**附：趣味运动会项目名称**

小学一年级组

比赛项目：短跑/跨栏接力、十字跳、投掷软式标枪、速度阶梯。

小学二年级组

比赛项目：短跑/跨栏接力、十字跳、投掷软式标枪、速度阶梯。

小学三年级组

比赛项目：短跑/跨栏接力、十字跳、投掷软式标枪、跪投实心球（1千克）。

小学四年级组

比赛项目：短跑/跨栏接力、十字跳、投掷软式标枪、跪投实心球（1千克）。

小学五年级组

比赛项目：跪投实心球（1千克）、十字跳、越过障碍掷准、一级方程式。

小学六年级组

比赛项目：跪投实心球（1千克）、十字跳、越过障碍掷准、一级方程式。

全员运动会的顺利开展，依靠全校师生的力量，离不开学校领导的支持，离不开裁判员的认真裁决，离不开体育组的统筹全局、辛勤付出，更离不开运动健儿的奋力拼搏，挥洒热血，发扬竞技体育精神。

## 二、校园吉尼斯

吉尼斯是一项囊括人类各种极限挑战世界纪录的活动，激发人们向自己的极限挑战，深度挖掘自己的潜力，创造新的纪录、新的奇迹。

吉尼斯直译于英语"genius"，意为"天才"。校园吉尼斯，是基于学生的身心发展特点和兴趣爱好，通过校园吉尼斯擂台赛，激励学生挑战自我，深度挖掘自我潜力，不断促进运动技能和体能提升的竞赛活动之一。

开展校园吉尼斯活动，是为了发扬吉尼斯活动中的挑战、拼搏、自信、勇敢、超越、梦想的育人理念，让学生在参与校园吉尼斯的过程中发现自己，面对自己，获得成长，遇见更好的自己。

校园吉尼斯活动的项目设置方案如下。

（一）内容

1. 达标类

可以将国家体质健康监测项目作为达标类项目，给学生营造一个环境，同时规范测试方法，让数据更科学、更准确，一举两得，既进行了挑战赛，又进行了国家体质健康监测。

2. 特色类

为突出特色主题，依据学生生理、心理及认知水平，可以依据地域特色、学校特色、节日特色创设主题挑战赛。例如，"海洋主题"以海洋渔民出海捕捞、海洋劳作的生产与生活技能为素材，设置擂台赛。

3. 中华传统体育类

中华传统体育类运动起源于生产劳动、典礼祭祀、军事战争、娱乐健身等，是经过历代传承、具有浓厚民族文化色彩的体育活动，尤其跳绳、踢毽子等项目深受学生喜欢，因此可以设置相应的挑战项目。

（二）方法

校园吉尼斯挑战赛可以分为校级、年级和个人三类。学生首先根据自己的兴趣和特长选择挑战项目进行练习，随后在安排的时间内到班级报名，通过班级初赛并获得第一名的学生，即可参与年级段决赛，决赛冠军就是年级段此项目的校园吉尼斯纪录保持者。

以正仪中心小学校为例，校园吉尼斯以"人人参与，促进每位学生自主发展、健康成长"为目的，以"让每个孩子都能体验成功"为宗旨，自2016年至今已进行到第九届了。校园吉尼斯不仅体现了五育融合，更让学生自主申报项目发起挑战，挖掘自身特长和潜力。项目总计28项，参与率达100%，旨在为学生搭建展示自我、实现自我、锤炼自我的平台，增强学生挑战自我的意识，为学生打造多元成长空间。

以下介绍其中一项活动的开展情况。

### 2023年正仪中心小学校
### 校园吉尼斯之"跳绳大王"挑战赛

参赛人员：全校学生。

比赛方法：单人跳绳比赛（分向前跳和向后跳2个项目），计算1分钟内的单人跳绳次数。跳绳过程中可以停顿，以1分钟内跳的总次数为个人最后成绩；集体跳绳比赛，全体学生同时开始，2分钟时间内如果出现停顿，则自动退场。以最后每班留在场上的人数排名，人数越多，排名越靠前。

比赛规则：单人比赛统计个人排名，集体比赛以各班为一个团队统计排名。

计分方法：前8名的运动员和班级分别按8分、7分、6分、5分、4分、3分、2分、1分计算。

校园吉尼斯比赛的类别、方式很多。让学生摆脱吉尼斯比赛活动中的看客身份，成为参与者或裁判员、服务人员，可以在很大程度上锻炼学生的能力。我们要探索学生喜闻乐见的活动方式，打造学校体育文化，在丰富学生学校生活的基础上，为学生提供一个超越自我、挑战极限的平台。

校园吉尼斯记载了一种精神，传承了一种力量。它留给我们的不仅是成绩，更是一种态度、一种力量、一种品质。

## 第四节 体育社团活动

体育社团活动是指根据学生的兴趣和特长，由学校组织开展的各种特色活动。体育社团活动是一种行之有效的活动模式，能够将趣味与锻炼有机融合，可以让学生在繁重的学习中，有效舒缓疲惫的心灵，并对体育项目产生浓厚兴趣，从而大幅度提升体育教学水平。灵动体育社团充分重视体育社团的组织，并结合小学生身心发展特点与锻炼需求，探索更新颖、更灵活的组织管理模式与策略，进一步优化社团活动的内容与形式，从而吸引更多小学生全身心投入其中，获得全面的培养与锻炼。

为了高效推进体育社团活动，以下是笔者的四点建议。

### 一、确立育人核心

体育社团活动的出发点是育人，不管是哪个维度，其目的只是更好地育人，只有以育人为实施体育社团活动的出发点，才能不偏离中心，更好地落实，达成预期效果。

### 二、有计划地实施

体育社团活动要根据不同年级学生的特点，满足不同阶段学生的需要有计划地实施。其一，小学低年级学生根据个人特长或爱好加入体育社团时，可以根据其当前的学习任务和年龄特点，对其进行自信心重构，在建立自信心的基础上进行个性培养，引导其形成体育锻炼习惯和个人品行；其二，小学中高年级学生加入专业类社团时，可以针对中年级学生对知识和能力的诉求，教导其掌握一定的体育锻炼的科学知识和技能，满足其在课后自行展开体育锻炼的需求，避免小学生因为缺乏足够的科学锻炼知识而导致不必要的身体损伤。因此，在设计教学内容时，要把不同运动量和不同场地合理搭配起来。在组织体育社团活动时，可以按不同的年级设置不同的体育项目，分阶段给予教学指导，完善育人评价体系，每学期进行一次考核评价。这份考核评价可以最大限度地让社团教师了解不同学生的个性特征，根据每个人的特点，对其进行专门的指导和培养，尽可能确保学生对体育活动保持足够的兴趣，在社团活动时逐渐养成体育锻炼的习惯，提高身体综合素质。

### 三、给予多方支持

对体育社团活动给予资金上的支持，建设体育活动场地，开展不同类型的体育活动，体现小学体育社团育人的整体性，提供多层次、多样化的选择，拓宽小学体育社团的育人渠道。体育社团功能的单一性导致大多数小学生都怠于加入社团，如果加入的学生少，那社团育人功能也无法得到实现。因此，要建立具有不同体育活动的小学体育社团，针对不同学生展开不同特色的素质拓展活动。

### 四、运用科学方法

体育社团要想长久发展下去，就必须得到教师的专业指导，形成一套相对完善的社团管理制度，在实践育人方案前，需要先制定出具有育人功能的发展体系，包括建立、实施措施，以及育人评价体系。在实践中，也可以根据现实情况不断修改和完善。制度实施的关键在于人，只有制度落实到位，才能发挥最好的效果。

下面以一所学校为例，看他们的体育社团是如何为校园文化注入新活力的。

灵动体育联盟校——昆山市巴城小学，根据学校特色、教师特长、学生特点，合理安排丰富多彩、灵活生动的体育社团活动。在弘扬体育精神的同时，培养学生们的团队意识和合作能力，让每一名队员在社团活动中，传精神，承文明，健体魄。

**田径社团**

田径社团由1—6年级热爱运动、有一定运动能力的学生组成，他们每天早晨和傍晚都会在操场上刻苦训练。无论是跳远、跳高，还是跨栏、跑步和投掷，他们都全身心投入，努力训练，提高自己的运动水平。在社团教师的精心指导下，他们不断突破自我，进行挑战。多次在昆山市中小学生田径运动会上崭露锋芒，为校争光。

**篮球社团**

篮球是深受学生喜爱的一项运动。该校的篮球社团根据学生实际情况，以篮球的基本技术、基本技能为主，融技术、技能和战术为一体，开展具有趣味性的学习和训练，激发学生对篮球运动的兴趣，提高学生的篮球运动技能，培养学生的团队精神。目前，该社团汇聚了一群热爱篮球运动的队员，每名队员都用一种积极向上的心态去训练，激情燃烧，努力奋斗。社团在江苏省篮球比赛中获得冠军。

**足球社团**

该校开设的足球社团，以女生为主，除专职体育教师带队管理之外，还有外聘的专业足球教练定期上课指导。在比赛和训练中，教师注重队员体育知识、体育技能的培养，更注重体育品德的发展。该社团曾在昆山市足球比赛中获得冠军。

**啦啦操社团**

啦啦操社团秉承"勇敢自信阳光，弘扬体育精神，提高学生体质，丰富学生活动"的宗旨，根据小学生身心特点，创新各种活动形式，培养学生对啦啦操运动的兴趣，激发学生参加啦啦操运动的热情，提高学生啦啦操运动能力和体质健康水平，让每名队员都能找到自己的闪光点，感受舞蹈带给她们的自信与快乐。目前，啦啦操社团正在蓬勃发展，曾在昆山市啦啦操比赛中获得二等奖。

**武术社团**

武术社团以"育崇文尚武之能行少年"为目标，以强身健体，弘扬国粹为宗旨，采用分年级、分层次、专项化教学和梯队发展模式，深层次发展武术项目，深受广大学生的喜爱。武术社团开设至今已逐步走向成熟化、正规化，该社团加强学生的体能训练、技能训练，进行素质培养和团队精神的培养。

**冬季三项社团**

冬季三项作为中华传统体育项目，增强学生体能，锻炼学生意志品质，培养学生团结协作精神，提高学生的整体身体素质和专业技能水平。该校的冬季三项社团组建盘踢毽队和双摇绳队，采取自愿、选拔机制。教师按照"科学训练，循序渐进，确保安全"的原则，结合日常体育教学和训练实际，进行有针对性的训练，在昆山市冬季三项比赛中获得较好成绩。

**围棋社团**

围棋是一种高雅的智力游戏，学围棋可以培养学生的注意力、计算力、判断力、创造力等能力。围棋社团作为普惠社团，在一年级开设。社团选择用游戏与教学相结合的方法来调动学生的学习积极性，抓住学生对新鲜事物兴趣极强的特点，设置合理的教学流程，让小学生能够主动地参与围棋课堂学习，在轻松的氛围中自主学习知识。

社团之花齐绽放，姹紫嫣红香满园。在昆山市巴城小学这座花园里，每一个学生都像一朵朵绽放的花朵，在丰富多彩的社团活动中展示自我、体验快乐、增强自信。

在"双减"政策背景下，小学生的综合素质发展愈发受到关注。为了更好地发挥体育活动的育人功能，学校需要积极推进体育活动的建设，统筹安排活动，强化活动管理，建立评价机制，发挥好体育活动深层次的育人功能。教师需要重视体育活动的育人价值，结合好教学和活动，延伸教育功能，促进小学生综合素质的平衡发展。

# 第五章 灵动体育支持系统

多少年来，大家一谈起教育，首先想到的是学校教育，似乎认为离开了学校这一育人场所，教育就失去了生命力。实则不然，学校、家庭、社会有机联合才能真正培养出国家需要的栋梁之材，才更有利于学生在成长、成才、成功之路上稳步前行、健康发展。

在体育学科领域，无论是学生健康水平持续下降的问题，还是多数学生经过长期的体育学习却未能掌握一项运动技能的问题，其问题的根源都不是单一的，不能单一归咎于学校体育工作没做好。尽管这些问题都与体育教育工作者、与学校体育教育有关，但影响体质与技能发展的因素是极为复杂的，家庭、社会在体育教育方面的缺失，尤其是学校、家庭、社会未形成合力，未建立联合促进机制，是导致以上问题的重要因素。因此，学校、家庭、社会联合，对于共同促进学生体质健康，提高学生体质，助力学生形成终身体育运动技能都具有重大的意义。

灵动体育作为一种高质量的学校体育新样态，必须积极落实立德树人根本任务，深化体育教育教学改革，促进学生全面发展和健康成长。然而，考虑到灵动体育的理论研究和实践活动还不成熟，实践过程中难免遇到众多问题，从而在某种程度上造成灵动体育的发展困境。此外，灵动体育建设还是一项复杂的系统工程：其内容广泛，涉及学校体育的教学、课程、活动等多方面的建设；其主体丰富，关涉学校系统内外的不同成员；其建设周期长，不能一蹴而就。鉴于此，构建灵动体育支持系统显得尤为迫切和重要。

## 第一节 教师指导

体育教师一向是体育课程改革的主要推动者，是体育教育高质量发展的主要施策者，其专业素养水平对体育课程改革起着决定性作用。新时代体育课程改革对体育教师发展提出了诸多新要求，提供了新机遇，体育教师发展也面临着新挑战。灵动体育需要灵动教师。灵动教师要明确新时代体育教师的使命、具备新时代体育教师的素养，才能在灵动体育的广阔天地里，成为学生学习技能的传授者，成为学生身心发展的引导者。

### 一、灵动教师的使命

1. 充分认识灵动体育的地位和功能

学校体育已不再是一门弱势学科，体育教师肩负着培养德智体美劳全面发展的社会主义建设者和接班人的使命。如果仅将学校体育局限为一门课程，将其目标定位为增强体质健康，则会弱化其促进学生全面发展的核心地位和独特功能。灵动体育教师树立"健康第一"的教育理念，帮助学生在灵动体育锻炼中享受乐趣、增强体质、健全人格、锤炼意志。灵动体育强调了促进学生身心全面发展的大健康观、大教育观、大体育观，明确了全面育人的价值和功能。

灵动体育教学作为独特的教育手段，在青少年成长的关键时段具有不可替代的核心引领作用。它既能强筋骨、增知识、调感情、强意志，又能满足学生全面发展的需要。

体育教师应该构建以满足学生全面发展需求为出发点的课程，真正让灵动体育显现独特的育人价值和功能，使体育素养成为社会主义现代化强国建设进程中公民素质教育的重要内容。

2. 践行立德树人使命

培养担当民族复兴大任的时代新人，是深化学校体育改革与发展的新使命。立德树人是新时代教育的根本任务，关系党的事业发展，关系国家前途和未来。体育教师要在立德树人根本任务的指引下，充分挖掘体育学科育人元素，发挥灵动体育教学育人功能。把立德树人融入体育道德培养、体育知识教学、体育活动实践等各教育环节；把立德树人作为学校体育的目标、知识、管理等体系设计的核心目标，积极开展灵动体育活动，将习近平总书记关于教育的重要论述转化为建设教育强国、体育强国、健康中国的生动实践，让灵动体育回归育人本质，真正促进学生的全面成长。

3. 明确教师队伍建设改革要求

体育教师既是推动学校体育高质量发展的主体，也是学校体育改革创新的基本力量。当下，教育变革在为体育教师赋权增能的同时，也向其专业能力和创新能力发起了挑战。建设高素质体育教师队伍，必须把提高体育教师的思想政治素质和职业道德水平放在首位。因此，灵动体育教师要坚持正确的政治方向，坚定理想信念，以德立身、以德立学、以德施教、以德育德，注重言传身教，同时要聚焦关键知识和关键能力，吸收教育改革发展的最新成果，转化为自身的实践能力，不断提升核心素养，促进自身全面发展。体育教师要注重培养创新精神，准确把握新时代学校体育发展的新特点、新变化、新趋势，积极做灵动体育创新发展的探索者。

4. 更新、优化学校体育知识体系和方法体系

面对信息化、智能化时代的挑战，体育教师应主动求变，改变以往教学随意化、内容碎片化的现象，以学科建设为核心，立足灵动体育知识体系的更新和方法体系的整体优化，增强灵动体育教学的科学性、思想性和系统性，提升灵动体育教育系统育人功能。体育教师应思考如何借助大数据分析、智能推送等信息技术手段实现灵动体育模式创新，创建一个人人、处处、时时皆能学和皆能参与的灵动体育活动方式。推动灵动体育参与方式智能化、个性化，构建以学习者为中心的全新学校体育生态，实现灵动体育方法体系的更新迭代，让学生在活动中感受满足娱乐、求知、成功、审美等需求的快乐。

## 二、灵动教师的素养

1. 树立坚定理想信念

"忠诚党的教育事业"是每一位教师的职业道德修养的基本原则。作为一名体育教师，要热爱党的教育事业，贯彻落实立德树人的根本任务，树立健康第一的指导思想，为了每一个学生的健康发展做出自己的努力。在灵动体育教学中，体育教师以自身良好的素质引导学生树立终身体育的良好习惯，让学生在运动能力、体育品德、健康行为等方面均有较大的提高与改善，变"要我学"为"我要学"，变"喜欢体育课，不喜欢体育运动"为"喜欢体育课，更喜欢体育运动"，较好地培养学生的体育学科核心

素养。

### 2. 加强理论知识学习

文化素养是一个人的基本素质。丰厚的文化底蕴影响人对客观世界理解的广度和深度。体育教师要加强理论知识学习，逐渐形成丰富的文化积淀，看待问题便会有新认识、新观念，掌握解决问题的新手段、新方法。理论知识对实践教学活动具有指导意义，体育教师在指导学生学习技能动作之前，要让学生明白该项目的理论原理，将理论运用到实践中。例如，在水平二《篮球》大单元教学中教学原地运球动作技术时，为了让学生在练习时能够体会正确的动作，用口诀归纳出原地运球的动作要领，"五指自然分，掌心要空出，按球正上方，协调来用力"。这样，学生在练习时能够明确目标，快速掌握动作技术。要丰富自身知识素养，读书是储备知识的最佳方法。学校教科室要让每位体育教师根据实际制定三年或五年个人成长目标；一年阅读一本以上有一定学术价值的体育学科刊物或者读物，在学习中发现问题并及时进行集体研讨，做好记录和反思，将其运用到下一次的教学中；每周固定进行几次集体备课、听课评课和交流心得体会，不断积累专业知识和提高个人文化素养，加大文化积淀，丰富文化底蕴。

### 3. 养成科学锻炼习惯

体育教学技术、技能同其他技能一样，也需要千锤百炼、反复练习，不可能一蹴而就。正确的动作示范是体育课教学中重要的教法之一，更是学生学习技能的主要途径，体育教师要能够轻松、娴熟、正确地完成动作示范，有利于提高体育教学质量。体育教师要认真学习新的运动技术，对于自己薄弱的运动技术，要向有经验的老教师请教，养成良好的锻炼习惯。如果必要的话，可接受体育院校的专业培训，掌握有所欠缺的动作技术。

### 4. 潜心深入科学研究

科研成就体现了体育教师进行体育课有效教学的重要软实力，是向外界推广和分享教学成果的有效途径。体育教师要多与其他院校教师进行教学成果的交流，学习最新的体育教学成果与教学方法。学校要创造条件让体育教师参与各级各类培训，利用寒暑假时间集中培训，举办专家讲座引领专业成长，或者以校级或片区教师的示范课、公开课为契机，进行示范引领和交流，不断提高教师的专业技能。

灵动体育教师还要围绕"培养什么人，怎么培养人"的根本问题，制订基于核心素养的灵动体育教学计划，探索基于核心素养的灵动体育教学新方法，开发基于核心素养的灵动体能学练方法，开展灵动体育课程模式实践，思考灵动体育知识与技能的内涵，创新基于核心素养的区域灵动体育教研模式，推动基于核心素养的灵动体育学习评价实践，促进信息技术与核心素养导向课程的融合，从上述视角深入开展灵动体育研究工作，为培育学生学科核心素养提供科学依据和指导方案。

5. 熟练掌握现代技术

随着互联网信息时代的到来，信息技术带来教育的革命，给体育课也带来了新的机遇。在灵动体育中，根据小学生感性认知能力强等特点，积极开发与利用多种现代信息技术，开展微课、慕课、翻转课堂等教学，帮助学生通过线下、线上相结合的方式，打破学习的时空壁垒，拓宽灵动体育的学习视野。

6. 提升教师专业能力

（1）教学能力。教学能力主要包括体育教学设计能力、体育教学实施能力、体育课堂管理能力、体育学习评价能力、体育课程资源开发能力等。与以往相比，新时代强调体育教师要以运动能力、健康行为和体育品德三个方面的学科核心素养为出发点，设计指向学科核心素养培养的各类体育教学计划，开展情境化、结构化、信息化等指向学科核心素养的教学活动，对体育课堂教学进行优化管理，以体育学业质量标准为依据开展指向学科核心素养测评的体育学习评价，并能通过开发体育课程资源为学生创造丰富的、复杂的多元体育学习情境，培养学生发现、分析和解决问题的能力。

（2）指导能力。体育教师要从大课程观的角度出发，结合体育与健康课程标准中提出的学科核心素养培育路径，如体育课、健康教育课、课外体育锻炼、体育竞赛活动和体育社团活动，立足于体育课堂教学，结合其他几种途径多角度培养学生的学科核心素养，突破传统的课外体育活动和竞赛训练的功利导向思维，全方位培养所有学生的运动能力、健康行为和体育品德。

（3）学习与反思能力。体育教师通过持续学习更新自己的知识体系，如线上体育课程设计知识，多媒体、电子白板、智能手机、运动手表、心率监测仪、计步器、加速度计等信息技术知识，体育微课、慕课等的操作知识，运动负荷监测与评定知识，重大健康危机时的相关处置知识等，从而保证自身的知识储备符合时代要求。反思与学习是紧密相连的，良好的反思能力有助于体育教师更好地对自己的学习和工作状态进行审视。体育教师要善于总结经验，并能够根据不同的情境和自身实际，选择或调整学习策略和方法等。由于当前教师对核心素养的研究尚不成熟，以上有关新时代体育教师应该具备的核心素养的论述主要是经理论分析和经验总结得出的，其严密的构成体系还有待进一步的检验和验证。

面向新时代，体育教师肩负新责任、新使命。一方面，"双减"政策的颁布为践行"健康第一"理念创造了更好的育人环境，使学生有大量时间参与体育锻炼，学校对体育教师的需求显著增加；另一方面，"健康中国"战略全面推进，将健康教育提升到前所未有的高度，这也赋予了体育教师履行健康教育的新职责。当前，体育教师亟须积极回应"健康中国""教育强国"的时代之需，勇于承担"健康第一"的时代之责，肩负起促进学生身心健康、全面发展的新使命，并且不断提高专业素养水平，促进学生德智体美劳全面发展。

## 第二节　家长协助

教育家蔡元培先生曾说："家庭者，人生最初之学校也。"体育教育既是家庭教育的题中应有之义，也是培养孩子成为全面发展、适应社会需要的人才的基础。当前，不少家长已经认识到体育教育在孩子成长过程中的重要性。可是在现实生活中，父母忽视体育、孩子缺乏运动的情况不在少数。相当一部分父母认为，孩子的文化课学习是最重要的，学习负担够重了，很难再挤出时间运动；有的则认为孩子不生病就行了，没必要专门花时间进行体育锻炼；也有的认为要使孩子身体好，重要的是要吃好、营养好，没有必要运动；还有的对孩子呵护过度，怕孩子运动时累着、碰着，限制孩子运动；个别父母甚至因为孩子不愿意上体育课便给他们请病假。这些认识上的误区，导致了家庭教育中体育教育的缺位。

近年来，重视学生体育运动的呼声越来越高。新课标也提出要求落实"教会、勤练、常赛"，帮助学生逐渐养成"校内锻炼1小时，校外锻炼1小时"的习惯。那么，怎样帮助家长提高认识、指导家长科学帮助和陪伴孩子进行家庭体育呢？

### 一、认识灵动家庭体育的功能

家庭体育是社会体育形态中的一种，是在家庭环境中，家庭成员按照一定的体育要求所进行的旨在促进孩子身体健康、养成良好锻炼习惯的各种体育活动。灵动家庭体育不仅是合理而适度的家庭体育，还是家庭美好生活的组成部分。学校体育是基础，而家庭体育则是学校体育的扩展和延续。灵动家庭体育有以下几方面的重要功能。

1. 帮助孩子提高技能和体能

除了学校，儿童平时在家的时间是最多的，如何充分利用并合理安排孩子的居家生活时间，如何在家庭中引导孩子养成运动习惯，是广大父母亟须思考和解决的问题。灵动家庭体育要求如下：一方面，家长可以协助孩子完成学校布置的家庭体育作业，让孩子复习在学校学过的运动技能；另一方面，家长往往更了解自己孩子的个性特征，可以针对孩子的短板和弱项，进行有针对性的练习。例如，孩子的耐力不够，家长就不仅可以有意识地增加体育锻炼的时间和强度，有效提高孩子的耐力水平；也可以针对孩子特别感兴趣的项目，多给孩子提供练习和参与的机会，让孩子掌握一项乃至几项擅长的体育技能，形成自己的体育强项。

2. 帮助孩子养成锻炼习惯

很多家庭精细的养育方式既阻碍了孩子感受运动的乐趣，也会阻碍了孩子养成运动的习惯。要让孩子动起来，走进大自然，增加体育锻炼。良好的家庭体育氛围，能将体育融入家风，直接影响家庭成员对体育的看法和参与程度。家长除了可以协助孩子开展体育锻炼，更重要的是自己也要以身作则，坚持锻炼，用行动影响孩子。

3. 增进孩子与家长的亲子关系

体育是最有效的人际关系润滑剂之一。在体育活动中，家长陪伴孩子的时长、亲子沟通频次与情感交流都会自然增加，无形中增进了家庭成员之间的亲密关系。灵动家庭体育符合孩子天性，也往往在更为开放、轻松、包容的户外环境中进行，孩子更容易在此过程中与家长形成良好的互动关系，并建立稳固的亲子关系。

4. 锻炼孩子的意志品质

学校体育受时空的限制，往往难以开展长时间、高强度的体育练习活动，如登山、徒步等。灵动家庭体育正好可以弥补学校体育的这一短板。登山、徒步等运动恰恰是磨炼孩子意志品质颇为有效的方式，也是很多家庭在周末和节假日会带孩子进行的活动。

5. 引导孩子建立规则意识

无论是动作简单、趣味性强的体育游戏，还是动作复杂、竞技性强的体育赛事，都要求孩子遵守规则、尊重裁判、尊重对手。灵动家庭体育具备引导孩子培养这些意识的良好契机，比如在社区体育活动中，如有年龄较小、技能水平较低的小朋友加入时，家长可以引导孩子多一些接纳和包容，同时通过合理分组，共同制定游戏规则，促进不同特点孩子的交往与发展。

## 二、灵动家庭体育的指导策略

现在不少父母已经开始重视孩子的体育教育，但往往缺乏完整的体育观。开展家庭体育要注重科学设计、培养兴趣及家校协同。

1. 注重科学设计

首先，家庭体育运动设计要符合孩子的身心成长规律。父母平时设计的家庭运动项目要与儿童发展水平相适应，不能提出过高的要求或者设计不适宜孩子的项目，否则容易伤害孩子的身心健康。其次，家庭体育活动的开展要因人而异。有的运动项目需要一定的自然条件和经济条件的支撑，不同的家庭可以选择不同的适合自身的运动项目，不用盲目与其他家庭攀比。

2. 注重兴趣培养

选择什么样的家庭运动既要注重科学性，也要注重兴趣导向，让孩子在运动中享受快乐，不能让孩子将体育锻炼当成一种被迫完成的任务，而是要能发自内心地真正爱上运动。有的父母只在孩子要参加体育中考前重视孩子的运动，其他时间恨不得都让孩子坐在书桌前埋头学习，这种功利化的态度，既对孩子的身体健康不利，也会在无形中影响孩子正确体育观的形成。

3. 注重家人共同参与

父母要充分认识到体育的综合育人功能，让"健康第一"成为家庭的核心价值观之一。首先，父母要以身作则，平时养成运动和锻炼的习惯，为孩子做好榜样。其次，要与家人一起协商达成共识，并彼此督促共同参与，让体育运动成为家庭生活的重要组成部分。另外还要合理布置家庭的体育运动空间、购买适宜的体育器材，积极为家庭开展体育活动创造良好的条件与氛围。

## 三、灵动家庭体育运动方式

为了更好地引导孩子进行家庭体育锻炼，教师和家长应结合孩子身体的素质特点，设计体育家庭作业、云健身、场景化健身、亲子体育游戏等不同的家庭体育运动方式，让孩子每天一练。

### （一）体育家庭作业

2021年4月，教育部办公厅《关于进一步加强中小学生体质健康管理工作的通知》提出："大力推广家庭体育锻炼活动，有锻炼内容、锻炼强度和时长等方面的要求，不提倡安排大强度练习。"《课程标准》提出，布置学生独立或合作完成、与家长共同完成的体育家庭作业等，促进学生经常锻炼、刻苦练习，逐渐培养学生的体育锻炼习惯，缓解学生的学习压力，丰富学生的课余文化生活，促进学生更好地形成核心素养。体育家庭作业是对学校体育工作的新要求和新指标，学校和体育教师应积极响应国家政策文件，理解政策导向，发挥体育学科特长。科学合理地设计、布置体育家庭作业，并对体育家庭作业加强指导，提供优质的锻炼资源，及时和家长保持沟通，促使学生养成良好的运动习惯和健康的生活方式，为学生形成终身体育锻炼意识打下良好的基础。

1. 体育家庭作业的地位和作用

灵动体育要培养的核心素养不仅是运动能力，还包含了健康行为和体育品德。体育家庭作业的设计和实施不仅是为了进一步延伸灵动体育课堂，也是为了指导学生进行自我锻炼，更是为了培养学生掌握运动技能、自觉参与体育活动。体育家庭作业的提出，有利于促进全民家校体育共育，有利于促进全民终身体育锻炼风气的形成，有利于全社会健康生活方式的构建，对学校而言，相当于开辟了学校体育的"第二课堂"，是家校体育共育的新实践。

（1）学校体育时间和空间上的延展，有助于巩固和强化运动技能。体育家庭作业可以保障学生每天"校内锻炼1小时，校外锻炼1小时"，督促学生"勤练"，是落实学生体质健康管理的有力保证，有利于加快学生熟练掌握1—2项运动技能。由于运动技能的形成光靠体育课的时间是远远不够的，体育家庭作业让学生体育锻炼不再局限于课堂，让学生的练习时间更加充裕。体育家庭作业可以根据学生自身的能力适当增加或减少练习的时间、次数、强度，促进学生运动技能的形成和体能的增强。

同时，体育家庭作业有利于学生选择适合自己的、自己喜欢的运动项目。每个学生的兴趣爱好不尽相同，体育家庭作业为学生提供了不同的选择，学生可以根据自己的实际情况自由选择，这样在练习的时候，学生的积极性会更高，技能提升的速度会更快，锻炼的效果会更好。

（2）从为了完成"一项作业"到养成"一种习惯"。体育家庭作业让体育运动走出课堂，融入学生的生活当中，从而改善学生的不良生活方式，丰富课余文化生活，让学生形成一种健康的生活方式。学生处于增进知识、骨骼发育、机能健全的关键时期，体育家庭作业的意义在于引导家长、教师处理好学生学习与锻炼时间之间的关系，劳逸结合，缓解学习压力，重视学生全面发展，特别是让家长意识到久坐等不良生活方式带来的危害，唤醒家长的责任意识和参与热情，让家庭锻炼身体成为一种新时尚。同时，体育家庭作业的实施，有助于学生形成科学的、健康的生活方式，使学生尽可能远离电视、网络游戏，减少看视频的时间，降低近视率，避免久坐不动的不良生活方式。

（3）学校、家庭、社会协同育人，有助于促进亲子关系，增强社会责任意识。在完成体育家庭作业的过程中，学生可以选择独立完成、与同伴合作完成、与家人共同完成等不同方式，可以获得巩固技能、增强体能、促进亲子关系等诸多益处。体育家庭作业可以成为学生健康的"营养剂"、朋友之间的"增稠剂"、亲子关系的"调和剂"、师生关系的"黏合剂"。体育家庭作业通过运动这个纽带将学校、家庭和社会连接在一起，有助于学校、家庭、社会三位一体协同发展，拉近学校、家庭、社会共育的关系，打破三方壁垒，促进社会和家长更加关注学生的身心健康发展，为学生的体质健康发展创造良好的体育活动环境，形成积极、和谐、健康的运动风气。

学生在家中复习体育课上所学技能，既可以提高自身运动水平，也可以向父母及身边的同伴展示，提高自信心。同时，有些家长可能擅长某个项目或动作，如篮球或跳绳，当看到自己的孩子在旁边打篮球或跳绳时，就有可能唤起运动激情，与孩子一起运动并指导孩子。一项看似普通的体育家庭作业，可以让孩子和父母之间的感情更加融洽，父母白天忙于工作，晚上若与孩子一起运动，既能放松身心，又能达到健身的目的，还起到了与孩子沟通的作用，可谓一举三得。

2. 体育家庭作业的实践路径

体育家庭作业具有一定的创新性和独特性，不同于其他学科的家庭作业，它是一种动态的、交互式的作业，具体操作过程分为作业的设计、实施和评价反馈等环节。

（1）作业的设计。体育家庭作业设计要根据不同年级学生特点，将趣味性、实用性、多样性、自主性、跨学科等方面充分融合，让体育家庭作业变得灵活、生动、有效。

体育家庭作业的设计可分为三类：一是巩固课堂运动技能类，包括课时内容和单元内容，主要是与现阶段体育课上所学的运动技能相关，例如，在篮球大单元教学中，可通过布置家庭作业完成原地高运球、低运球等项目，辅助和巩固所学技能。二是项目化练习类，可以结合每年 9 月和 10 月的"国家学生体质健康标准"抽测进行项目化练习。小学体测有一分钟跳绳、仰卧起坐、坐位体前屈、50 米跑等项目，若体育教师结合这些测试项目布置体育家庭作业，家长考虑到体育测试成绩和体质健康发展必定会大力支持。三是自主性体育作业，这一内容教师不做硬性规定，既可以与学生感兴趣的项目（如轮滑、跆拳道等）结合，也可以与传统体育项目（如射箭、跳皮筋、空竹等）结合，还可以选择参与亲子互动类活动，如爬山、游泳等，这些项目不仅迎合了学生的兴趣，而且对于学生体质健康发展起到了重要作用。

表 5-1 所示是灵动体育联盟校——昆山市玉山镇新城域小学利用居家生活用品作为辅助器材设计的自主性体育家庭作业，既激发了学生的兴趣，又强健了学生的体魄。

表 5-1 三年级自主性体育家庭作业

| 星期 | 作业内容 | 运动时间 |
| --- | --- | --- |
| 周一 | 坐在床上，身体呈"V"字形，然后穿袜子，练习腹肌力量，可以和父母比赛。 | 每次练习 30 分钟以上。 |
| 周二 | 用两个装满水（根据自己力量而定）的塑料瓶当作哑铃，练习臂力。 | 每次练习 30 分钟以上。 |
| 周三 | 将多双鞋子间隔 20 厘米直线摆放，双脚连续跳过去。 | 每次练习 30 分钟以上。 |
| 周四 | 1. 两臂平举，头顶枕头，单脚支撑做平衡练习，每次练习 30 秒至 1 分钟，5—8 次。<br>2. 头顶轻物在客厅卧室走动，每次不低于 5 分钟，4—8 次。 | 每次练习 30 分钟以上。 |

续表

| 星期 | 作业内容 | 运动时间 |
|---|---|---|
| 周五 | 利用床、椅子做下肢柔韧性练习，如横/纵叉等，或上肢力量练习，如俯卧撑等。 | 每次练习时间根据自己能力而定。 |
| 周六、周日（自选项目） | 跑步、跳绳、郊游、游泳、骑行、爬山、球类比赛等。 | 每天活动1小时以上。 |

（2）作业的实施。体育家庭作业的有效实施需要体育教师、班主任、学生和家长各方的积极配合（图5-1、图5-2）。

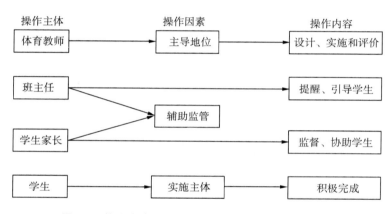

图5-1　体育家庭作业操作主体、因素和内容关系网

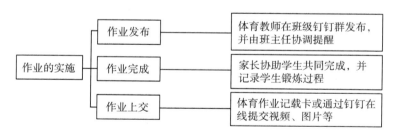

图5-2　体育家庭作业实施的环节

① 作业的发布。体育教师将设计好的作业以课时或周次的形式发布在班级的钉钉群，并确保每一位家长都能收到作业，班主任可在群里提醒家长和学生按时完成每天的任务。

② 作业的完成。体育家庭作业的完成主要是课后在家长的陪伴和帮助下进行，具体运动时间点因家庭而异，大致在学生完成书面作业之余，饭

前半小时或者饭后半小时以外。作业减负，但运动增量，每天运动时长大约40~60分钟，运动强度和运动量不能采取一刀切的方式，而要因人而异，运动量太少会没有效果，运动量太多易造成损伤。

③ 作业的上交。家长既是体育家庭作业体系中重要的助力因素之一，也是学生作业完成情况的记录者，起到参与和协助学生共同完成作业的作用。采用每日提交短视频或图片的方式展示体育家庭作业完成情况，体育教师和家长进行实时交互，指导学生进行锻炼。另外针对某些条件欠缺的家庭，以及需要定期、定量反馈的，可配合提交纸质版的作业单，便于记录并保存每天的锻炼情况。

（3）作业的评价反馈。学生在完成体育家庭作业后，体育教师需要针对学生的完成情况进行评价反馈。如果没有科学的评价反馈机制，那么学生在长时间的家庭体育锻炼中很容易产生懈怠和厌烦心理，不利于终身体育习惯的培养。体育家庭作业的评价主体是体育教师、家长和学生，重要的评价内容包括学生参与率评价、技术完成性评价、数量达标性评价、家长参与情况评价，根据这三个评价主体和评价内容制定出相应的评价标准，来提高学生家庭体育锻炼的积极性（图5-3）。

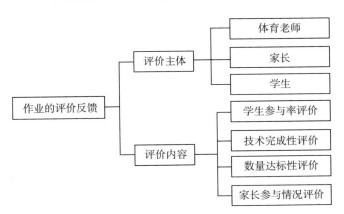

**图5-3 体育家庭作业的评价反馈**

① 学生参与率评价。学生参与率是体育家庭作业的重要评价指标之一，它体现出学生积极性与达标率情况。体育教师不仅可以把每月或每周的体育家庭作业进行统计和整理，根据完成的次数给予适当的奖励，也可以把全班的作业参与情况作为班级考核的重要内容，充分调动学生的主动性。例如，教师在体育作业单上设置家长签字一栏，第二天进行回收和查验，

并每个月统计一次，根据参与率情况进行评奖、评优。

② 技术完成性评价。体育家庭作业既有数量达标性要求，也有技术完成性要求。家长把学生每日锻炼的动态视频、图片等发布到班级钉钉群中，教师根据所看到的直观作业情况进行实时点评，对一些动作技术规范性进行评价，对完成效果好的学生进行鼓励和表扬，对练习过程中存在的问题或错误动作及时给予纠正，从而提高体育家庭作业的实效性。

③ 数量达标性评价。体育家庭作业需要有一定的数量、强度和时间的要求，尤其在小学一些体质健康测试、趣味跳绳等项目化锻炼内容上。例如，在小学各水平段跳绳项目化作业中，根据学生一分钟跳绳的实际水平，合理进行分级，规定达到什么级别就给予相应的奖励，以此促进学生进步。在有时间和次数限定的运动项目上都可以采取此种数量达标性评价，随着级别能力的提高，学生的成绩也逐渐上升，呈现正向发展。

④ 家长参与情况评价。家长是孩子的第一任老师。疫情防控期间，很多家庭都积极参与亲子体育活动，营造了浓厚的家庭体育氛围。另外在"双减"政策的影响下，家长对体育的重视程度越来越高，能够积极地配合和监督学生完成体育家庭作业情况，并给予评价反馈，促进家校互动。例如，在进行体测项目化锻炼时，有的孩子往往因为动作单调和枯燥而放弃，这时很多家长都积极给予孩子鼓励和肯定，并及时和教师反馈学生的锻炼情况，寻求专业指导。在家长的积极参与和帮助下，不仅培养了学生不怕困难、吃苦耐劳的意志品质，还增进了教师、家长和学生之间的感情。由此可见，学生体育家庭作业的高质量完成与家长的积极参与存在很大的关系，所以学校每学期可根据家长对学生体育作业的支持情况评选出"最美运动家庭"，以此带动家长的积极性。

家庭体育作业的设计与落实，兴趣是主导、简易是关键、健体是目标、育人是内涵、落实是保障、习惯成自然。下面简要介绍正仪中心小学校落实家庭体育作业的案例。

### 校家协同催生体育作业"落地开花"

在寒假来临前的散学典礼上，体育教师向全校学生发出挑战："寒假里，我将与大家一起练习跳绳和踢毽子，开学后，看看谁能挑战我。"发出挑战后，体育教师录下了一分钟跳绳和踢毽子的微视频，把视频发到全校班主任群，请他们转至班级群，号召同学们积极回应挑战。

但挑战结果很不理想：踢毽子无人挑战，跳绳挑战成功的人数也极少。除了开足体育课，学校几年前便开始实施体育家庭作业了。根据学生特点、年段要求，每个年级均设计三项基本运动项目，鼓励学生每天坚持锻炼，并如实打卡记录，但体育成绩不见提升。体育教师开始寻根究源，调整策略，再次出发。

一、调查问询，分析原因

通过座谈会、问卷调查等方式，与学生、教师、家长分别交流，了解体育家庭作业实效性不强的原因，并从影响因素、具体表现、成因描述等方面进行了具体分析。

二、对症下药，改进策略

针对问题，提出在全面控制学生课业负担的基础上，组织体育组全体教师一起商讨改进策略，更充分地发挥家校协同作用。

（一）规定+自创，形式改变求趣味

兴趣是最好的老师，新颖的形式必能激发学生的兴趣。于是，我们在紧扣"国家体育锻炼标准"和江苏省中小学生体质健康检测要求的基础上，遵循各年级学生年龄特点，设计了一份基础体育作业清单，明晰每个项目训练的价值、对应的指标，要求学生每天自主选择其中的一至两项重点练习项目，确保一周所有项目都至少进行过一次训练，力量、耐力、柔韧性三个维度均有涉及。同时，我们鼓励学生在确保安全的基础上，围绕某个项目根据自己的爱好、特点，创新训练形式。例如，基础作业清单中的仰卧起坐，除了规范动作，学生还自创了多种形式：仰卧，上身与双腿同时上抬，双掌击腿；仰卧，上身抬起，双臂平举，双腿平放；仰卧，靠腹部力量挺身而起……这些多样的形式成了学生兴奋交流、彼此分享的热点，促进学生主动尝试、不断创新，乐此不疲地投入锻炼。

（二）独立+互动，家庭协同增合力

当家人不再旁观，不再单纯充当裁判，而是参与学生的锻炼行动中，成为运动伙伴、助手时，学生就不会感觉孤单。因此，我们一方面鼓励学生发起"家庭总动员"，或给家人当教练，用自己的示范、讲解吸引爸爸妈妈一起动起来，或举办家庭小擂台，家人之间开展单项小比赛；另一方面，我们通过家长会、微信群等大力宣传，让家长主动与学生同行，或成为运动时的搭档，或成为竞技中的对手。渐渐地，家庭里的体育锻炼氛围浓了，学生也在家人的陪伴中真切感受到强身健体的重要性。

（三）记录+推送，行动曝光明方向

为推动体育家庭作业的持续落实，我们学校不断传递"锻炼光荣"的正能量。要求每个学生进行个性化记录，真实记录自己完成体育家庭作业的情况，一周一提交。于是，除了常用的表格式记录，学生又自主设计了多种方式：① 曲线图，可以直观看到成绩的升降起伏；② 运动打卡小程序，可以智能化记录；③ 录小视频，可以让运动轨迹立体化；④ 一周做一个美篇，用图文并茂的方式完整体现一周锻炼的成效。

坚持锻炼的学生和家长日渐增多，学生不断创新锻炼方式，不断增强锻炼热情。于是，我们开始选取典型，精选图表，制作微信推送，在分享阅读中引导学生自我对照，明晰前进方向；评选"每周锻炼之星""体育之家"，用身边的榜样引领更多的学生和家庭爱上锻炼。

（四）月测+闯关，显性数据强信心

监测前期活动成效，也能为今后活动开展提供指引。因此，我们也不断创新监测方式：每个月的最后一周，各班都会拿出一节体育课进行月测，用数据观照锻炼效果，激励学生自我挑战。月测成绩优秀的项目，记一枚奖章，学生再自主选择另外的项目，开启新的挑战，最后比比谁的奖章多，达到五枚的，综合评定时还可以加分；在校园多个开阔场地设置"小擂台"，摆放相关器材，鼓励学生休闲时进行伙伴挑战赛，获胜者将成绩自豪地记录到"校园吉尼斯挑战榜"上，再迎接新的挑战者；定期在学生集会时，进行单项运动展示，让全校师生目睹学生的运动风采。通过这些不同的方式，给学生提供多样的平台展示自我，让他们坚定"一点一点进步，一天一天超越"的信念。

三、全面观照，发现变化

当体育家庭作业真正走入生活，落实到每一天、每一家，我们欣喜地发现点点滴滴的变化。

（一）学生体质"渐入佳境"

除了体质监测成绩一次比一次好，每天因病缺课的学生数也显著下降。正仪中心小学校共有1 200多名学生，2020年下半年，一般每天因病缺课的学生都在30人左右，到气温骤降、感冒流行期间，缺课人数还会攀升；现在，每天缺课人数基本上是个位数，在春秋交替的日子里，感冒的学生也明显减少。有的家长说："以前冬天，孩子怕冷，总是缩手缩脚、不想动弹,而在刚过去的这个冬天,孩子耐寒能力明显提高,偶尔受点风寒,多喝点热水,睡上一觉,第二天就又生龙活虎了。"还有的家长说:"以前孩子经常吃药,现在坚持锻炼,胃口好多了,身体也更健壮了。"

(二)亲子关系"其乐融融"

体育作业走进家庭以前,学生只需完成语文、数学、英语学科的文化作业,家长们就心满意足了。但是在这个过程中,有些家长往往会因孩子的拖拉、马虎等问题大动肝火,搞得家里"鸡飞狗跳";有些家长或自行忙碌,或悠闲玩手机,与学生轻松沟通、平等互动的时间少得可怜。而现在,妈妈看到孩子拿起了毽子,会跑过去给孩子露一手,还不忘传授秘诀;爸爸看到儿子跳起了绳子,会主动下战书,父子赛一场。不少学生很开心地告诉我们,体育家庭作业实施后,他们感觉爸爸妈妈脾气变好了,有时还很可爱,少了一些烦恼忧愁,弥漫在家中的是温暖的亲情。

(三)个人品质"拔节生长"

锻炼贵在坚持,就在日复一日的练习中,有一些品质就悄然融入学生骨血。学生看到自己的体育成绩在训练中提升,扬起了自信的风帆;为了玩出花样、练出成效,他们积极动脑,充分利用家中的物件、空间,创新形式,点燃思维火花;虽然很累,但在家人关注的目光、鼓励的语言中,他们仍然咬牙挺住,打败困难与挫折的勇气与日俱增;看到同伴优秀的成绩,催生出不甘落后的劲头。这些人格品质,可是学生一生的财富。

体育家庭作业如何设计、如何评判,值得我们不断地实践与探索。家庭体育作业让学生在校内外都能灵动起来,引导学生养成良好的运动习惯,促进学生健康成长和全面发展,并让运动成为每一个家庭的一种生活方式。

**(二)云健身**

云健身是指以手机等电子设备或智能硬件为工具,借助互联网与人工智能等信息技术,通过搭建健身直播、赛事参与、运动数据分析等虚拟化的健身场景来帮助学生完成线下健身活动的总称。云健身作为一种新时尚,受到现代人的追捧。众多健身服务机构和健身教练纷纷试水线上授课,以直播等形式指导人们在室内健身。学校也开展线上体育课程,带动学生在家进行适度锻炼。

到底如何开展云健身?以正仪中心小学校 2022 年"云健身"寒假系列课程为例(表 5-2、表 5-3、表 5-4)。

表 5-2　云健身寒假系列课程［水平一（1—2 年级）］

| 锻炼类别 | 锻炼项目 |
| --- | --- |
| 速度素质 | 1. 原地高抬腿：15 次/组×2 组<br>2. 原地小碎步：30 秒/组×5 组，间歇 30 秒<br>3. 亲子运动：20 米比快×2 组，间歇 2 分钟 |
| 力量素质 | 1. 侧向爬行：30 秒/组×5 组，间歇 2 分钟<br>2. 蛙跳：5 次/组×3 组<br>3. 亲子运动——跳跳虎：20 个/组×2 组 |
| 协调素质 | 1. 原地开合跳：30 秒/次×4 组<br>2. 并脚跳绳：1 分钟/组×3 组，间歇 2 分钟<br>3. 亲子运动——毽子操：1 分钟/次×2 组 |
| 耐力素质 | 1. 慢跑：5 分钟/次×1 组<br>2. 跑楼梯：20 个/组×3 组，间歇 2 分钟<br>3. 亲子运动——骑自行车：20 分钟 |
| 柔韧素质 | 1. 坐位体前屈：20 个/组×3 组<br>2. 纵叉练习：30 秒/组×2 组<br>3. 亲子运动——仰卧推起成桥：30 秒/组×2 组 |

表 5-3　云健身寒假系列课程［水平二（3—4 年级）］

| 锻炼类别 | 锻炼项目 |
| --- | --- |
| 速度素质 | 1. 俯撑登山跑：20 秒/组×4 组，间歇 1 分钟<br>2. 小碎步：30 秒/组×3 组，间歇 1 分钟<br>3. 亲子运动——跑楼梯：跑 20 个台阶×3 组，间歇 1 分钟 |
| 力量素质 | 1. 弓箭步：左右脚交替为 1 个，30 个/组×3 组，间歇 30 秒<br>2. 深蹲开合跳：20 个/组×4 组，间歇 1 分钟<br>3. 亲子运动——立卧撑：15 个/组×3 组，间歇 1 分钟 |
| 协调素质 | 1. 蹲跳起：20 个/组×3 组，间歇 1 分钟<br>2. 单脚跳绳：1 分钟/组×3 组，间歇 1 分钟<br>3. 亲子运动——双人抛接沙包：5 分钟/组×3 组，间歇 2 分钟 |
| 耐力素质 | 1. "S" 形跑：3 分钟×3 组，间歇 2 分钟<br>2. 10 米折返跑：3 分钟×3 组，间歇 2 分钟<br>3. 亲子运动——骑自行车：30 分钟 |
| 柔韧素质 | 1. 大风车：15 个/组×3 组，间歇 30 秒<br>2. 坐位体前屈：20 秒/组×3 组，间歇 30 秒<br>3. 亲子运动：仰卧交替抬腿 30 秒/组×2 组 |

表 5-4　云健身寒假系列课程 [水平三 (5—6 年级) ]

| 锻炼类别 | 锻炼项目 |
| --- | --- |
| 速度素质 | 1. 后踢腿跑：20 次/组×4 组<br>2. 后蹬跑：20 次/组×4 组<br>3. 亲子运动——快速高抬腿：1 分钟/组×5 组，间歇 1 分钟 |
| 力量素质 | 1. 蛙跳：10 米/组×4 组，间歇 2 分钟<br>2. 平板支撑：1 分钟/组×3 组<br>3. 亲子运动——俯卧摸肩：1 分钟/组×3 组 |
| 灵敏素质 | 1. 单脚十字象限跳：30 秒/组×8 组，左右脚交换，间歇 2 分钟<br>2. 原地空中换脚跳：30 秒/组×8 组，间歇 2 分钟<br>3. 亲子运动——交叉步：30 秒/组×8 组，间歇 2 分钟 |
| 耐力素质 | 1. 跳绳：200 个/组×4 组，间歇 3 分钟<br>2. 开合跳：1 分钟/组×8 组，间歇 2 分钟<br>3. 慢跑：5 分钟/组×2 组，间歇 3 分钟 |
| 柔韧素质 | 1. 坐姿俯卧：30 秒/组×5 组<br>2. 坐位体前屈：20 次/组×4 组<br>3. 亲子运动——跪姿后仰：30 秒/组×5 组 |

在云健身课程中，体育教师现场直播教学，家长和孩子一起来运动，增加了家庭体育锻炼的便利性和趣味性。这种别开生面的线上直播形式，不仅为学生和家长提供了居家运动的科学指导，而且为广大师生、家长带来了健康与欢乐。

### （三）场景化健身

场景化健身可以充分利用比较方便的场地和碎片化时间，机动灵活地进行运动健身。所谓场景化健身，是指因地制宜、就地取材或利用简单运动器械，进行原地高抬腿、椅子操、哑铃等负重练习或拉力器、弹力带等抗阻练习，以此舒活筋骨、缓解疲劳，具有简单、经济、省时、高效的优势。

正仪中心小学校要求每个家庭每周进行两次以上的场景化健身，以此发挥场景化健身在全民健身中的作用。下面介绍两个场景化健身案例，供大家参考。

#### 《有趣的凳子》案例

器材准备：凳子

适宜人群：家庭所有成员

过程：

1. 反应小游戏（站、坐、转向左、转向右、绕一圈等）
2. 板凳操
3. 绕凳子高抬腿跑
4. 跨越凳子
5. 凳上瑜伽

#### 《好玩的瓶子》案例

器材准备：瓶子

适宜人群：家庭所有成员

过程：

1. 瓶子操
2. 快速推举瓶子
3. 夹瓶举腿
4. 移动换瓶
5. 放松操

场景化健身模式简单、经济、省时、高效，非常适合工作繁忙、时间紧张的年轻人、上班族、学生，在未来会成为主流运动模式之一。场景化的健身方式要想继续发展，不仅需要学习科学健身的理论知识，还需要更加专业的指导。同时，政府相关部门要给予政策支持或鼓励。

### （四）亲子体育游戏

丰富多彩的家庭亲子活动有利于建立良好的亲子关系，这已然成为校家双方的共识。中国孩子普遍存在"没有时间玩、没有地方玩、没有伙伴玩、不会玩"的问题。针对这一现实，我们尝试通过亲子体育游戏来建立和睦的家庭关系和营造良好的家庭氛围，引导孩子将锻炼和运动转化为一种生活方式。

1. 内容设计有趣味

有趣的体育小游戏可以让家庭生活丰富多彩，但如果游戏设计得枯燥乏味，只是单纯的机械性练习、重复性运动，练习者没了趣味，乐在其中的美好初衷就无法实现，亲子活动还可能变成一种负担。所以，游戏的设计一定要突出趣味性，才能吸引家庭成员参与，在趣味中迎接挑战。下面介绍几种趣味亲子体育游戏。

（1）游戏名称：打气

适合年级：水平一（一、二年级）

游戏方法：孩子扮演车胎，家长模仿打气，角色扮演可以轮换。比如家长嘴里发出"刺刺"的声音代表打气，学生呼气的同时，从深蹲位逐渐升高重心，当孩子吸气吸到极限时，家长忽然说"拔掉气门嘴"，孩子全身放松，长呼一口气，重心下降蹲地，可重复多次。

（2）游戏名称：趣味仰卧起坐

适合年级：水平二（三、四年级）

游戏方法：在仰卧起坐动作的基础上增加趣味性挑战，增加动脑小游戏，孩子每次抬身收腹的时候，家长展示一组数字计算或是看字组词，让身体练习和大脑思维同步进行，注意力会更加集中。

（3）游戏名称：搬物接力

适合年级：水平三（五、六年级）

游戏方法：在家里宽敞处画一条长 10—15 米的直线，两端各放置苹果、香蕉若干。家庭成员一人发令后，另外两人从起点拿起一个水果跑到终点换另一个水果，轮回两组。中途掉落或速度较慢的一方算失败，失败方负责将水果归位并清理干净。

2. 练习形式多样化

亲子体育游戏的练习形式影响着练习者的参与兴趣与练习质量，多样化的练习形式会让家庭生活丰富多彩，营造轻松愉悦的家庭氛围。大量研究证实，充满民主、自由、轻松氛围的家庭有助于孩子形成健康的人格、积极向上的生活态度和阳光开朗的性格。父母能跟孩子无拘无束地玩到一起的家庭，更能养育出爱思考、有主见、愿意积极主动沟通的孩子，亲子关系也更为亲密。

设计体育家庭游戏时,可以添加一些儿歌,如《写王字》游戏童谣:对墙站,写个王,眼睛看墙壁,耳朵听四方,偷偷转头,谁动抓谁,我的机敏我知道。

如《抓尾巴》游戏童谣:小蝌蚪游啊游,奋力摆动小尾巴,东游游,西游游,哎呀呀,啥时候,我的尾巴没有啦,青蛙妈妈借去啦!

朗朗上口的童谣,让游戏变得妙趣横生,孩子练习起来更加富有兴致,全家老小都可以参与进来,家中充满了欢声笑语,洋溢着爱与欢乐。

形式多样化,不仅指练习方式的多样化,也指参与群体的多样化。体育游戏可以拓展到家庭以外,邻居、社区伙伴皆可号召起来一起玩。在游戏中互动,有竞争,有合作,有规则,有输赢,孩子不知不觉就学会了互相配合、公平竞争,一举多得。

3. 活动场地随机性

家庭体育游戏不受环境限制,对游戏开展的场地没有特别要求,故活动场地的选择存在随机性,客厅、卧室甚至阳台、楼梯等场所都可以利用。家庭体育游戏的场地设计可以让孩子充分发挥创意。

可以在床上进行技巧性练习,如孩子团身进行前后滚翻游戏,家长在床边保护,指导孩子团身圆滑、滚成直线,练习身体的灵活性、柔韧性和自我保护的躲闪能力。

可以坐在沙发上进行腿部力量游戏,身体端坐,双腿向前伸直平举,看谁坚持的时间长;还可以双腿上下或左右起落,进行剪刀腿练习。

爬楼梯是锻炼腿部力量和身体耐力的好方式,父母与孩子一起爬楼梯,互相鼓励,或者计时挑战,看谁在规定时间内爬得更高。

利用客厅的空地,可以进行跑动性游戏,如换物接力,一人发指令,另一人摆出各种姿势的"创意变变变"。如果空间够大,还可以玩跳绳踢毽等游戏。

这些活动场地虽然有限,但充满了家庭生活的温馨,蕴含着整个家庭成员的精气神,巧加利用,完全可以成为锻炼的场所,还能将这种精气神演化为和睦、健康、美好的家庭氛围。

让每个孩子健康成长，是所有家庭的责任和期盼。家庭应积极履职尽责，积极开展家庭体育活动，增进亲子感情，与学校体育同向同行，为孩子健康成长保驾护航。

## 第三节　社会支持

当前，我们国家大力推动体育强国、健康中国建设，要实现这个目标，就不能把学生的体育锻炼局限在校园之内，而要培养学生终身运动、自觉运动的习惯，这就需要让全社会了解体育本身的价值，也需要全社会的支持。灵动体育不仅要上好体育课，还要重视学生运动习惯的养成，强调推进学校、家庭与社会体育融合发展，其中人力、场地、组织、政策和资金是发展灵动体育不可或缺的社会力量。

### 一、社会人力资源

灵动体育的实施需要师资支持。当前，学校体育教师师资不足是一个突出问题。如果有社会力量介入，让更多有专业竞技经历的退役教练员、运动员在经过相应的培训后，加入体育教师队伍，一方面可以弥补教师数量的不足，另一方面可以对学生们进行体育精神、体育文化上的塑造。学生的课余时间，也需要社会体育指导员、社区心理指导员们在学校之外对学生体育健康进行辅导，共同推动灵动体育的发展。

### 二、社会场地资源

灵动体育的实施需要场地支持。当前，缺乏运动场地一直以来都是灵动体育开展的难点。仅仅依靠学校现有的场地难以达到广泛开展学生校外活动的需要。如何科学设计未来社区健身运动场地，如何面向学生开放已有的运动场馆设施，如何完善社区健身器材等，这些问题都表明社会体育场地设施资源仍然有待进一步开发。我们认为，要统筹与整合社会资源，完善学校和公共体育场馆开放互促共进机制，推进学校体育场馆向社会开放、公共体育场馆向学生免费或半价开放，提高体育场馆开放程度和利用效率，鼓励学校和社会体育场馆合作开设体育课程。城市和社区建设规划要考虑学生体育锻炼需要，将运动场地项目优先选址在学校及其周边。

## 三、社会组织资源

灵动体育的实施需要组织支持。"教会、勤练、常赛"是灵动体育的重要理念,从这个角度来看,以区域为单位统筹社会组织资源进入校园,更能激发学生的体育兴趣和热情。社会机构进入学校固然有市场化的需求,但不能抱着"打广告"的心态参与学校体育,而应该通过课程效果吸引用户。社会机构参与学校体育要做的是品牌推广,让更多学生体验了解其教学理念、课程服务和教学品质。

### (一) 体教融合

体育最常见的活动形式之一是竞赛,而体教融合背景下的竞赛,为社会力量介入学校体育、培养体育人才提供了机会。体教融合,不是体育和教育两个部门资源的简单相加,而是一种理念变革,要以文化人、以体育人,使学校体育同教育事业的改革发展要求相适应,同广大学生对优质、丰富的体育资源的需求相契合,同构建德智体美劳全面培养的教育体系相匹配,使体育在育人方面的综合功能和价值得到更充分的发挥。所以,体教融合是指体育和教育在价值、功能和目的上的充分融合,共同作用于学生的成长和发展。

以昆山为例,昆山市教育局与昆山市体育局围绕深化体教融合,走出了一条"体教融合"发展新路,助力学生健康成长。

近年来,昆山市教育局与昆山市体育局紧紧围绕新时代"体教融合"理念,从打造品牌、优势互补、资源共享、人才共育、特色共建等方面入手,充分盘活中小学校和体校、体育协会的资源,逐渐走出了从"体教结合"到"体教融合"的昆山模式。

形成以体育运动学校为龙头,以特色体育学校为骨干,以传统项目学校为基础,以各级各类青少年体育俱乐部、体育社会培训机构为补充的"四级"青少年业余训练体系,形成了"一校一特色,校校有特色"的格局。全市发展了田径、手球、篮球、乒乓球、足球、排球、羽毛球、游泳等一大批体育特色项目。现有苏州市体育传统项目获奖学校 11 所,全国青少年校园足球特色学校 23 所、全国足球特色幼儿园 4 所、全国足球特色幼儿园示范园 1 所、江苏省足球传统学校 1 所,江苏省足球后备人才示范学校

1所、苏州市足球传统学校3所,让孩子们动起来、跑起来、享受乐趣,增强体质,健全人格,锻炼意志,成长为满足新时代需求的人才。

### (二) 课后服务

"双减"政策出台后,课后服务在全国范围内全面推开。课后服务实施以来,学生的体育类需求极大提升,运动锻炼成为课后服务的必选项。各地各校将体育类活动课程作为课后服务基本、必备的形式之一,并丰富和拓展了活动课程门类,保障了学生课后服务中的体育锻炼,对课外体育产生了积极且重要的影响。

为缓解学生不断增长的多样化、个性化体育需求与体育课后服务资源不足之间的矛盾,应积极引进社区、家庭、高校、体育社会组织、体育俱乐部等社会资源,通过各主体充分沟通协商,实现优势互补、资源共享,在一定规则的指导下协调行动,共同提供体育课后服务。

1. 引进家长资源

邀请家委会有意愿且有体育职业资格证的家长协助开展体育课后服务或担任体育课后服务的教练员,给予其一定报酬与精神奖励,以更好地调动家长的积极性和主动性。

2. 引进公益资源

各中小学可与周边社区、高校等开展合作,利用社区、高校的场地设施资源,并请社区体育指导员、高校体育专业师生提供公益性的体育课后服务。可借鉴国外经验,动员居住在社区内的离退休体育教师、社会体育指导员等以社区为单位开展体育课后服务。

3. 引进市场资源

可采用政府购买服务、公开招投标方式,遴选资质良好的体育俱乐部进校园,提供学生喜爱的、丰富多彩的体育课后服务内容,比如乒乓球、轮滑等,并提高体育课后服务的质量。

正仪中心小学校在深入推进体育课后服务中,通过构筑多方协同供给及优化课后服务课程内容与方式等途径,探索提质增效新举措。

### 小空间,"大"舞台

正仪中心小学校在广泛调研学生、教师、家长意见的基础上,反复研讨，将体育课后服务升级为"室内+室外，必修+选修，走班+轮课"模式（以下简称"3+3"模式）。

"室内+室外"——根据天气情况确定体育课后服务是在室外还是在室内进行。在室内进行理论学习，在室外进行实践操练，实现"看天"运动向系统训练转变。

"必修+选修"——开设田径、跳绳、象棋等必修项目，针对有兴趣和特长的学生开设足球、篮球、啦啦操等选修项目。与体育俱乐部合作、邀请家长到校上课，将体育与健康课程、体育社团、特长训练有机结合，形成了"一普及、二兴趣、三特长"层次性的选材体系，让全员运动向兴趣和专业发展。

"走班+轮课"——学校公开竞聘有资质的教练到校授课，弥补体育教师师资不足问题。负责体育课后服务的教师每周轮流到不同班级开展自己擅长的体育课后服务，学生不再混合编班（除选修之外），安全压力减小，学生从"所学有限"到"博采众长"。

"3+3"模式下的体育课后服务，有效解决了学校场地狭窄、班级人数众多、安全压力大、师资有限、天气恶劣、课程可持续性不长等系列问题，增强学生的身体素质，让他们掌握至少 2 项运动技能，培养终身运动的热情和习惯，实现"以体育智、以体育心"的目的。

### （三）社会政策资源

当前，国家与社会对学校体育教育给予了高度重视，学校体育教育迈进了新时代。中央顶层设计，地方政府及时跟进，聚焦体育课、聚焦学生体质健康。自 2012 年以来，关于学校体育的政策文件频发，如：2020 年，国务院发布体育产业新政，国家体育总局及教育部发布文件促进青少年体育教育融合发展；2021 年，教育部、国家体育总局等部门陆续发布"双减""课后服务""暑期托管服务""课外体育培训行业服务监管"等政策，号召学校、社会组织帮助学生掌握 1~2 项运动技能，拓展课后服务渠道，提升学校课后服务水平，满足学生的多样化需求。在政策的指引下，各地学校"民呼我为"，学校体育教育工作取得了重大突破和阶段性进展。

### （四）社会资金资源

加大学校体育教育经费保障力度。设置学校体育教育专项资金，专门用于学校体育设施、设备更新、师资培训等方面的内容；制定详细的经费使用制度，明确经费使用范围，确保经费的合理使用；建立经费监督机制，确保经费的透明使用；鼓励社会各界对学校体育教育进行赞助，扩大资金的来源渠道，为学校体育事业的持续发展提供有力保障。

只有大家一起来发展灵动体育，孩子在运动当中有灵动的体验和灵动的情感体验，那么我们的活动才能真正实现对学生发展的促进。联合发动起学校、家庭、社会的力量，协同育人，体育才能在教育当中发挥起育人的价值，真正地为国家培养德智体美劳全面发展的人才，发挥体育学科重要的价值和功能。

[1] 中华人民共和国教育部. 义务教育体育与健康课程标准：2022年版[M]. 北京：北京师范大学出版社，2022.

[2] 杜良云. 灵动政治教育[M]. 长春：吉林人民出版社，2017.

[3] 郭思乐. 天纵之教：生本教育随笔[M]. 上海：华东师范大学出版社，2011.

[4] 吴颖惠，从立新，等. 教学的稳与变[M]. 北京：教育科学出版社，2013.

[5] 陈厚德. 有效教学[M]. 北京：教育科学出版社，2000.

[6] 李传健. 灵动的教育表达[M]. 北京：知识产权出版社，2019.

[7] 林伟民，侯建成. 活力课堂：让课堂焕发生命活力的教学艺术[M]. 南京：江苏教育出版社，2012.

[8] 胡兴松. 思想政治课教学方法论[M]. 西安：陕西师范大学出版总社有限公司，2012.

[9] 刘徽. 大概念教学：素养导向的单元整体设计[M]. 北京：教育科学出版社，2022.

[10] 李志刚. 核心素养导向的上课[M]. 天津：天津教育出版社，2018.

[11] 于素梅.《体育与健康》教学改革指导纲要（试行）解读[M]. 北京：教育科学出版社，2021.

[12] 乔秀梅，童建国，赵焕彬. 基于人类动作发展观的中小学生体能教育的思考[J]. 体育学刊，2010（11）：80-82.

[13] 马瑞，宋珩. 基本运动技能发展对儿童身体活动与健康的影响[J]. 体育科学，2017，37（4）：54-61.

[14] 朱姣. "双减"背景下课外体育活动的开展策略：家校社一体化探索[J]. 体育教学，2022，42（2）：28-29.

［15］李启迪，李朦，邵伟德．我国学校体育"家校社共育"价值阐析、问题检视与实践策略［J］．北京体育大学学报，2021，44（9）：135-144．

［16］邵天逸，粟家玉，李启迪．"全面发展"视域下学校体育理念的要旨论绎、问题审思与时代推进［J］．武汉体育学院学报，2023，57（1）：82-91．

［17］余文森．论核心素养导向的三大教学观［J］．当代教育与文化，2019，11（2）：62-66．

［18］付善民．沙金．论身体教育的本质［J］．吉林体育学院学报，2011，27（4）：26-27．

［19］甘琼，刘桂云．基于深度教学理念的体育"四化"教学［J］．教育理论与实践，2021，41（26）：57-60．

［20］于素梅．核心素养培育背景下"乐动会"体育课堂建构［J］．体育学刊，2018，25（2）：63-67．

［21］王龙，祝芳．问题的意义与来源：以基本问题的设计为例［J］．体育教学，2022，42（10）：20-22．

［22］尚力沛，程传银．基于学科核心素养的体育学习情境：创设、生成与评价［J］．沈阳体育学院学报，2019，38（2）：78-85．

［23］吴爱军，孟凡东．问题导向下体育教学情境创设的路径［J］．中国学校体育，2020（4）：20-21．

［24］孙娟，何东平．从"六要"谈体育教学情境的创设［J］．中国学校体育，2018（8）：28．

［25］陈忠．暑期体育家庭作业"六个一"的实践探索［J］．体育教学，2022，42（4）：76-77．

［26］李启迪，邵伟德．坚持"以学生发展为中心"体育课程理念的意义与实施策略［J］．体育科学，2014，34（3）：15-23．

［27］邵伟德，唐炎，李启迪．聚焦运动技术教学重点提高体育课堂教学质量［J］．体育教学，2016，36（8）：9-14．

［28］于素梅．从一体化谈"学、练、赛"及其应用［J］．体育教学，2020，40（8）：17-19．

［29］李志勇．"学、练、评"一体化课堂模式下"赛"的两个问题与对策［J］．体育教学，2021，41（8）：36-38．

［30］于素梅．一体化体育课程的旨趣与建构［J］．教育研究，2019，40（12）：51-58．

我一直想为儿童做件事,想为儿童创造一个温暖与灵动的体育世界。我能与他们如同精灵一般自由驰骋、灵动成长,感受体育的美好、生命的美好、世界的美好。

拙作《灵动体育足球游戏》出版于2015年,《灵动之美》出版于2016年。时间过去,再次翻找那时的记忆,不仅有值得关注的教育现象、值得思考的教育问题,更有与儿童一起成长的"小美好"。

近年来,确立了"四位一体"目标,修订了课程标准,提出了核心素养,学校体育正走上改革的快车道。面对新挑战,每一位一线教师都在进行积极的探索。"与儿童一起灵动成长"的愿望亦愈发强烈。

2021年,我有幸入选第二批"苏教名家"培养工程培养对象。三年来,我听从导师们的建议,对"灵动体育"的想法和做法进行了认真梳理,对认识儿童、认识体育也有了不一样的感觉,于是才有《灵动:儿童体育教育中的畅想与激发》的系统思考与建构。

我们从儿童成长而来,如今我们面对儿童。每一个儿童都是有生命力的灵动发展个体,他们的成长有各自的节奏,是本能的成长。而儿童本能的成长离不开体育。对儿童而言,体育是最适合的学习与发展途径,是自然生长的本源,也是健康成长的滋养。灵动,是儿童体育的精髓。灵动体育是通过灵活生动的身体练习与活动,塑造灵气悦动的儿童,触动儿童灵魂,促进儿童健康成长、灵性发展的体育。灵动体育从"为儿童健康而灵性发展奠基"愿景出发,秉持"健康第一"的教育理念,高度重视以体育人、综合育人理念的渗透,围绕"教会、勤练、常赛",培育核心素养,帮助儿童在体育锻炼中享受乐趣、增强体质、健全人格、锤炼意志。

灵动体育不仅是一个哲学命题,还是一个实践命题。

在苏州大学体育团队的引领下,我与各联盟学校及工作室的小伙伴从灵动体育的理论、课程、教学、活动、支持系统五个方面深度思考与实践。

# 后　记

这不只是一种创造性建构，更是对儿童学习理论的一种极具个性的具体阐述与实践尝试，为高质量学校体育发展寻找到新路径、新维度。

在此过程中，我也清晰认识到，灵动体育在体育学科理论完善、时代新人培育、课程模式发挥根基作用等方面的研究尚浅，这是我们未来努力深入的方向。

本书的写作初心正是"我手写我心"，权且当作自己的探索作业。可越往下沉潜，我越感到迷惘，更发觉自己见识之有限、能力之不足，惶恐之下，下笔也就越艰难。书稿草就后，自不敢问"画眉深浅"，唯将本书作为自己从教近三十年为儿童做了件事的一个阶段性小结，企盼同人提出宝贵意见。

此书付梓之际，我的内心充满感恩之情。感谢江苏省教育厅搭建了"苏教名家"培养工程这个大平台；感谢第二期"苏教名家"培养工程小幼职教组的导师组给予我系统、具体的指导；尤其感谢史国栋教授和江苏省教科院俞明雅博士对本书写作的深入指导；特别感谢我的导师——王家宏教授，不仅在百忙之中对我撰写本书进行细致、深度的指导，还亲自为本书写序，教诲真切，鼓励真诚。他对体育的拳拳热爱、对后辈的用心指点，皆在字里行间。我想，只有像他所希冀的那样，在体育教学上"心怀梦想，砥砺意志；勇于逐梦，奋勇向前"，才是对给予我支持的众人最好的答谢。

与儿童一起灵动成长，起翼，追寻，沉淀，修正，执着前行。"雄关漫道真如铁，而今迈步从头越。""真如铁"，应坚守教育之铁，以灵动淬炼成钢；"从头越"，且仰望体育之峰峦山巅，努力攀爬欣赏风光无限！

周伟华<br>
2024 年 4 月 3 日于阳澄湖畔